Götter und Mythen der AZTEKEN

Götter und Mythen der AZTEKEN

Norman Bancroft Hunt

GONDROM

Übersetzung aus dem Englischen: Margot Wilhelmi

ISBN 3-8112-1645-7

Covervorderseite:
Zwei kunstvoll ineinander verschlungene Schlangen, die eine blau, die andere grün, formen das Gesicht der Gefiederten Schlange, des Quetzalcoatls, und lassen dieses Mosaik in leuchtendem Türkis erscheinen.

Seite 2: Ometecuhtli („Gott der Zweiheit") war sowohl männlich als auch weiblich und thronte als oberster Gott der Azteken im obersten (dreizehnten) Himmel.

Seite 3: Das wichtigste Symbol des Quetzalcoatl war die Gefiederte Schlange, die hier zwischen zwei Jahressymbolen herabsteigt.

Oben: Aus dem Nachlaß der Maya – der Sonnentempel und sein Hof in Palenque (um 600 n. Chr.).

Gegenüberliegende Seite: Xolotl, der finstere Zwilling des Quetzalcoatl, war der Planet Venus als Abendstern.

Coverrückseite: Darstellung eines sitzenden Mannes in Bethaltung. Jaliscoregion.

INHALT

MESOAMERIKA
Tula
Teotihuacan
Tenochtitlan
Cholula
Chalcatzingo
Veracrus
El Taifín
Tres Zapotes
Laguna de los Cerros
TABASCO
San Lorenzo
Coatzacoalcos
MEXIKO
Mitla
Monte Albán
N
PAZIFISCHER OZEAN
0
100
0
Kilometer

Golf von Mexiko
Chichén Itzá
Mayapan
Cozumel
Jaina
Uxmal
YUCATÁN-HALBINSEL
Karibik
Calakmul
Villahermosa
La Venza
El Mirador
BELIZE
Usumacinta
Palenque
Uaxactún
Tikal
Piedras Negras
Lubaantun
Bonampak
Chiapas
Altar de Sacrificios
Copán
Golf von Honduras
CHIAPAS
GUATEMALA
Playa de los Muertos
Quiriguá
Copán
Izapa
Kaminalujú
HONDURAS
EL SALVADOR

EINFÜHRUNG

GEGENÜBERLIEGENDE SEITE
Quetzalcoatl, die Gefiederte Schlange, kündigt in Gestalt des Morgensterns den Sonnenaufgang an. Als Sonnenbote trägt er seinen symbolischen Sonnenkragen. Aztekisch.

Als Christoph Kolumbus 1492 in See stach, um einen neuen Weg nach Indien zu finden, ahnte man in Europa noch nichts von der Neuen Welt im Westen, und ebensowenig wußten die Menschen dort etwas von der Alten Welt im Osten. Selbst Kolumbus war sich nicht bewußt, daß er einen bisher unbekannten Erdteil entdeckt hatte, aber schon zu Beginn des 16. Jahrhunderts hatten die Spanier feste Stützpunkte auf Hispaniola (Haiti und Dominikanische Republik) und Kuba. Als die Streitmacht von Hernandez de Córdoba (1517) und Juan de Grijalva (1518) auf die Halbinsel Yucatán und nach Tabasco in Mexiko mit reichen Goldschätzen nach Hispaniola zurückkehrte, rüstete Diego Velásquez, der Gouverneur von Kuba, ein weiteres kleines Heer aus, das die neu entdeckten Länder für die spanische Krone beanspruchen und deren Reichtümer ausbeuten sollte. Zum Kommandanten dieses Eroberungstrupps wurde Anfang 1519 der 30jährige Hernan Cortés bestimmt. Das Land, das er einnehmen sollte, hieß in der Sprache der Maya Culhua, uns besser bekannt unter dem Namen Mexiko.

Indessen waren die Vorstöße Córdobas und Grijalvas den Eingeborenen nicht verborgen geblieben, am allerwenigsten ihrem Fürsten Montezuma. Seine Gesandten hatten nach ihrem Zusammentreffen mit Grijalva ihrem Herrscher von weißen Männern mit Bärten berichtet, die in seltsamen Schiffen übers Meer gekommen waren. Da die Spanier außerdem ihre Eroberungsabsichten klar erkennen ließen, mußte Montezuma die Ankunft von Cortés mit banger Sorge betrachtet haben, denn ihm lagen Berichte vor, nach denen die Spanier unter einigen der ihm untergebenen Stämme Zwietracht gesät und seine Steuereintreiber mißhandelt hatten. Eine Konfrontation war also unausweichlich.

Als nur wenig später dann Cortés und seine Männer Montezumas Land betraten, konnte keiner von ihnen ahnen, daß sie in ein Reich eingedrungen waren, das genauso mächtig war wie ihr eigenes und daß dessen Herrschaft auf einer langen Tradition beruhte, die in der Thronbesteigung Montezumas in der Hauptstadt Tenochtitlan (heute Mexico City) ihren vorläufigen Höhepunkt gefunden hatte. Die Rede ist vom Reich der Azteken, deren Kultur in vieler Hinsicht mit der der alten Mesopotamier oder Ägypter vergleichbar war. Hier wie dort gab es gewaltige Tempelpyramiden, eine auf erblichen Vorrechten beruhende hierarchische Gesellschaftsordnung sowie ein ausgedehntes Handelsnetz. Außerdem kamen Cortés wie Montezuma aus Imperien, in denen Königsgeschlechter regierten und daher Macht und Reichtum einen großen Stellenwert hatten. Aber vielleicht am entscheidendsten war die Tatsache, daß sowohl Cortés als auch Montezuma religiöse Eiferer waren. So sah sich der ehemalige Rechtsstudent Cortés dazu auserwählt, in den von ihm eroberten Ländern die Herrschaft und den Glauben der Spanier zu etablieren, während Montezuma sich als Inkarnation des aztekischen Sonnengottes betrachtete, mit einem durch seine Abstammung begründeten heiligen Regierungsrecht.

Wenngleich Montezuma seine Macht erst seit 1503, also zum Zeitpunkt von Cortés' Ankunft gerade einmal 16 Jahre, innehatte, so lassen sich die Traditionen, auf denen sie gründete, doch über 3000 Jahre zurückverfolgen. Diese Traditionen, die Glaubens- sowie die Lebensvorstellungen, welche das Weltbild der Azteken prägten und die den spanischen Eroberern absonderlich vorkommen mußten, sind Thema dieses Buches. Um diese fremde Kultur zu verstehen, muß man aber zunächst wissen, wie die Welt der Azteken entstanden ist, und dabei werden wir sehr schnell erkennen, daß die Wurzeln aztekischen Denkens ganz woandes liegen, nämlich im Schöpfungsmythos einer anderen Hochkultur: der der Maya.

Am Anfang waren nur das sanfte Meer und des Himmels weiter Raum, und alles war Finsternis. Im Wasser, umflossen von Licht, lag, verborgen unter den grünen und blauen Federn des Quetzalvogels, die Gefiederte Schlange Gucumatz (Quetzalcoatl). Oben im Himmel gab es des Himmels Herz, Huracán mit seinen drei Erscheinungsformen Blitz, Donner und Wider-

Diese Türkismosaikschlange diente einem aztekischen Priester des Regengottes Tlaloc als Brustschmuck. Sie symbolisiert die das Gewitter ankündigende Blitzschlange.

Die Schlange als Schöpfergottheit war in ganz Mesoamerika von Bedeutung. Mit ihr verband man die Mächte der Unterwasserwelt sowie die Wiedergeburt. Maya.

Aus der klassischen Periode der Mayazeit stammen diese Reliefdarstellungen, die eine der Fassaden des vierflügeligen Nonnenhauses schmücken. Dargestellt sind der Regengott und die Schlange.

schein. Zuerst war alles still, doch dann begannen Gucumatz und Huracán miteinander zu sprechen. Und aus ihren Worten und Gedanken erhoben sich Berge und Land aus dem Wasser, und es entstanden die Tiere. Ihnen geboten die Schöpfer, sie in ihren Gebeten zu preisen, doch die Tiere konnten nur zischen, schreien und gackern. Es war ihnen nicht möglich, wie Menschen zu sprechen und daher die Götter bei ihren Namen zu nennen. Da also die Tiere sie nicht verehren konnten, verwiesen die Schöpfer sie in die Wälder und verdammten sie dazu, getötet und gefressen zu werden.

Schließlich beschlossen die Schöpfer, ein Wesen zu bilden, das sprechen konnte, und so begannen sie, einen Menschen aus Lehm zu formen. Als der Mensch dann fertig war, besaß dieser

zwar die Fähigkeit zum Reden, aber seine Worte ergaben keinen Sinn. Außerdem war sein Körper ohne Kraft und der Blick verschleiert, und als der Regen kam, weichten die Wasser ihn auf und spülten ihn fort. Da suchten die Schöpfer und Former Rat bei den Zauberern Ixpiyacóc und Ixmucané, den Ahnen des Tages und der Dämmerung, die mit Maiskörnern und roten Tzité-Bohnen weissagten.

Ixpiyacóc und Ixmucané rieten den Schöpfern, Männer aus Holz und Frauen aus Schilf zu formen. Die Schöpfer taten, wie ihnen geheißen, und bald war die Erde wieder bevölkert. Aber die hölzernen Wesen hatten kein Herz und kein Gefühl, ihre Adern waren blutleer und ihre Gesichter ausdruckslos. Da schickten die Götter eine Sintflut, bei der Harz wie Regen vom Himmel fiel. Dann ließen sie die Tiere sich wie Dämonen gegen die hölzernen Wesen erheben, auf daß ihre Leben zerstört würden. Ixecotovách, der Adler, kratzte ihnen die Augen aus, Camazotz, die große Fledermaus, riß ihnen den Kopf ab, Cotzbalám, der Jaguar, verschlang das Fleisch, und das Krokodil Tucumbalám zermalmte ihre Gebeine. Daraufhin versuchten die Holzmenschen zu fliehen, aber die meisten von ihnen wurden vernichtet, und die, die überlebten, so heißt es, wurden zu den Affen in den Bäumen.

Schließlich sandten die Schöpfer die Heiligen Zwillinge auf die Erde, welche die Bestien zerstören und Mais beschaffen sollten, damit davon neue Menschen geformt werden konnten. Als die Maismenschen vollendet waren, sahen die Schöpfer mit Genugtuung, daß ihre Geschöpfe Vernunft und Klugheit besaßen und einen Blick, der so weit reichte, daß sie alles wahrnehmen konnten. Sie sahen in jede Entfernung, ohne die geringste Bewegung machen zu müssen, und ihre Augen liebkosten das Himmelsgewölbe und das runde Antlitz der Erde.

Aber schon bald darauf wurde Vucub Caquix, der Erste der Maismenschen, eitel und selbstgefällig. Er wollte wie die Sonne sein, obwohl diese noch gar nicht aufgegangen war, und nahm für sich in Anspruch, daß seine Schönheit die des Mondes, der noch nicht existierte, bei weitem überträfe. Das erboste die Schöpfer, denn sie bemerkten auf diese Weise, daß die Menschen ihnen zu ähnlich waren und über Kräfte verfügten, die nur ihnen, den Göttern, zustanden. So warfen des Himmels Herz und die Gefiederte Schlange einen Schleier auf die Augen der Menschen, damit diese sich wie ein angehauchter Spiegel vernebelten. Aber mit der Sicht verloren die Menschen auch die Kenntnis der Welt, so daß sie fortan verschiedene Wege gingen und verschiedene Sprachen sprachen. Die Götter und die mächtigsten Tiere hingegen wurden zu steinernen Bildern. So erzählt das Popol Vuh, das heilige Buch der Quiché-Maya.

Unsere Kenntnis des Popol Vuh verdanken wir dem spanischen Pater Francisco Ximinéz, der 1701 die Pfarrei von Santo Tomás Chuilá (heute Chichicastenango) im Hochland von Guatemala übernahm. Der Originaltext aus dem 16. Jahrhundert, der dem Padre von den indianischen Kindern seiner Pfarrei zur Verfügung gestellt wurde, ist leider nicht erhalten, wohl aber die Kopie, die Ximénes anfertigte. Dort steht in lateinischer Schrift links der Quichétext und rechts die spanische Übersetzung. Das Popol Vuh stellt die Welt der Quiché-Maya dar: ihre Kosmologie und Mythologie, ihre Überlieferungen und ihre Geschichte.

Vor der spanischen Eroberung Neuspaniens (Mittel- und Südmexiko, Guatemala, nördliches Honduras und El Salvador) zu Beginn des 16. Jahrhunderts, hatten die Quiché im Hochland von Guatemala eine mächtige Kultur entwickelt, in der Elemente eine Rolle spielten, die im ganzen sogenannten Mesoamerika weit verbreitet waren. So zeigt das Popol Vuh eine Reihe von Kennzeichen der mesoamerikanischen Kulturen: die Dualität von Himmel und Erde, die furchtbare Natur der Götter und Tiere, die Verwendung von Kalender und Schrift, die Macht des gesprochenen Wortes, die symbiontische Verbindung zwischen Mensch und Mais und schließlich die monumentalen Steinbildnisse, die an den Kultstätten errichtet wurden.

Der Begriff Mesoamerika beschreibt keine kulturelle oder geographische Einheit. Er geht zurück auf den Anthropologen Paul Kirchoff, der damit jenen Teil Mexikos und Mittelamerikas beschrieb, den die Spanier, als sie zu Beginn des 16. Jahrhunderts dort ankamen, für „zivilisiert" hielten. Nach Kirchoffs Definition war diese Zivilisation durch zumindest einige der folgenden Elemente gekennzeichnet, nämlich eine monumentale Architektur in Form von Tempeln und Pyramiden, Menschenopfer und einen heiligen Kalender, nach dem sich die rituellen Handlungen richteten. Ferner gehörten zu dieser Kultur eine Hieroglyphenschrift, rituelle Ballspiele, Ackerbau auf den sogenannten Chinampas („schwimmende Gärten"), Märkte und ein funktionierendes Handelsnetz.

Nun mögen solche Kriterien für die Forscher bedeutsam sein, aber sie sagen wenig aus über die Menschen, die in dieser Region lebten. Trotzdem muß gesagt werden, daß sie uns wichtige Hinweise auf das damalige Leben liefern. So können wir beispielsweise anhand der ausgegrabenen Gegenstände durch die Archäologen auf den Alltag der Menschen schließen, während die Anthropologen uns Einblicke in Verwandtschaftsverhältnisse und Abstammung vermitteln, vor deren Hintergrund wir geschichtliche Funde interpretieren können. Aufgrund dieser zahlreichen, durch Ausgrabungen zutage geförderten Gegenstände wissen wir auch, daß die Geschichte Mesoamerikas bis zu den Olmeken der tropischen Niederungen des südlichen Veracruz und Tabasco von vor etwa 1500 v. Chr. zurückreicht. Ihre Vorfahren lebten schon um 6500 v. Chr. in kleinen Dörfern, wo sie einem Regen- und Fruchtbarkeitskult huldigten und eine landwirtschaftliche Kultur mit Mais, Bohnen und Kürbis als Grundnahrungsmittel entwickelt hatten. Die funktionierende Landwirtschaft ermöglichte die Unterhaltung größerer Siedlungsgemeinschaften mit jeweils einem Kultkomplex als Zentrum des religiösen Lebens der umliegenden Dörfer. Ausgrabungen an den wichtigsten Olmekenstätten San Lorenzo und La Venta zeigen eine faszinierende Welt von Göttern in Tier-Menschen-Gestalt. Die gesellschaftliche Führung bildete eine Elite von Priestern und Schamanen. Wenngleich die frühe Olmekenzeit noch viele Rätsel aufgibt, so wird doch immer deutlicher, daß der Einfluß dieser Kultur in ganz Mexiko von etwa 1500 v. Chr. bis zu ihrem plötzlichen und unerklärlichen Niedergang um 500 v. Chr. sehr groß war.

Olmekische Einflüsse sind in den Symbolen erkennbar, welche die Zapoteken im Hochland von Oaxaca benutzten. Von ihnen sind erste kalendarische Systeme und eine Schriftsprache ab ungefähr 600 v. Chr. belegt. Ferner weist die Ausrichtung der Kultstätten auf astronomische Beobachtungen hin, und reiche Grabbeigaben lassen eine adlige Abstammung der Bestatteten vermuten. Ebenso gibt es Hinweise auf öffentliche Zeremonien unter der Leitung von Priestern. Die Zapoteken waren ein unabhängiges Volk, das mit seinen Nachbarn Handel trieb, aber seine Hauptstadt Monte Albán als Freistaat bis zur Ankunft der Spanier erbittert verteidigte.

Westlich des Olmekenreiches und ebenfalls von ihm beeinflußt, lebten die Maya, die sich auf Yucatán, in Guatemala und den angrenzenden Gebieten von Honduras und El Salvador niedergelassen hatten. Die frühe Mayakultur entwickelte sich ab etwa 300 v. Chr. im Petén-Gebiet im südlichen bis mittleren Mesoamerika mit bedeutenden Kultzentren in Uaxactán, Yaxchilán, El Mirador und Tikal. Die Maya gewannen rasch an Macht

GEGENÜBERLIEGENDE SEITE
Opfer sollten die Götter gewogen stimmen. Diese steinerne Figur (Palma) gehörte zu den rituellen Regalien, die mit den öffentlichen Zeremonien in Zusammenhang standen, und zeigt einen Gefangenen mit auf dem Rücken gefesselten Händen.

Die Nischenpyramide von El Tajin bei Veracruz. Die sich aus Stufen zusammensetzende Fassade wird auf allen vier Seiten von 365 Nischen unterbrochen, die für die Tage des Jahres stehen. Ursprünglich beherbergte jede Nische die Statue der Schutzgottheit des jeweiligen Tages. Totonakisch.

GEGENÜBERLIEGENDE SEITE
Darstellung eines sitzenden Mannes in Bethaltung. Jaliscoregion.

UNTEN
Viele Azteken aus der Oberschicht leiteten ihre Herkunft aus dem Toltekenadel ab. Dieses Relief zeigt einen Rückenschild, wie ihn toltekische Adlige trugen, und bildet die Gefiederte Schlange ab.

und Einfluß, und bald wurden Tikal und andere größere Tempelpyramidenkomplexe zum Mittelpunkt der rituellen Handlungen einer großen Stadtbevölkerung. Dabei waren die Kultzentren vielfach regelrechte Stadtstaaten, in denen eine Adelsdynastie und eine Priesterelite herrschten. Andere bedeutende Stätten dieser Art, deren Blütezeit bis etwa 900 n. Chr. reicht, sind Palenque, Uxmal, Copán und Quiriguá. Aus dieser Zeit stammen auch die ersten Zeugnisse von Menschen- und Blutopfern zur Versöhnung der Götter.

Während die unabhängigen Mayazentren ihre Blüte erlebten – einen alles vereinigenden Nationalstaat der Maya gab es nie –, entwickelte sich parallel dazu in Mexiko ein Großreich mit

RECHTS
Diese Stele zeigt Quetzalcoatl mit charakteristischem Kopfschmuck, Halskette und Ohrringen. Der Stern auf seiner Brust stellt das Windjuwel dar, das sowohl den Wind als auch die Kompaßpunkte symbolisiert.

GANZ RECHTS
Hier eine Steinstele mit Reliefbildern eines geopferten Herzens und des Erdungeheuers. Das Ungeheuer zeigt sich in Gestalt der Schlange, die man mit den totonakischen Erdgottheiten assoziierte.

GEGENÜBERLIEGENDE SEITE
Aus der Toltekenhauptstadt Tula stammt dieser muschelbesetzte Helm mit der Darstellung des aus dem Rachen der Erde aufsteigenden Quetzalcoatl. Die Erde wird hier als kojotengestaltige Gottheit gezeigt.

Teotihuacan als Reichshauptstadt und anderen überaus mächtigen Städten wie Cholula, Xochicalco und El Tajin.

Auf dem Höhepunkt ihrer Macht lebten in der Reichshauptstadt Teotihuacan über 200 000 Menschen, und gewaltige Pyramiden, Paläste und Marktplätze mit Monumentalstatuen des Regen- und des Kriegsgottes prägten das Stadtbild. In ihnen begegnen wir wieder dem auf die Olmeken zurückgehenden Jaguarkult sowie der Verehrung der Gefiederten Schlange, die bei den Maya eine wichtige Gottheit war. Wie der Einfluß der Olmeken, so war auch der von Teotihuacan sehr

Eine Mosaikarbeit aus Türkisen, Muscheln und Pyrit. Auch sie hat den aus der Erde aufsteigenden Quetzalcoatl zum Inhalt, aber dieses Mal in Gestalt des Morgensterns. Solche Scheiben dienten der Aufzeichnung astronomischer Ereignisse, wobei dieses Bild wahrscheinlich den Lauf der Venus darstellen soll, die mit dem Morgenstern assoziiert wurde.

groß. Doch scheint dieser sich friedlich ausgebreitet zu haben, denn es gibt keinerlei Hinweise auf eine gewaltsame Unterwerfung von Nachbarvölkern. Im Gegenteil: Archäologische Funde beweisen, daß in einigen Bezirken Teotihuacans ethnische Minderheiten und Künstler aus anderen Regionen lebten. So muß die kulturelle Verbreitung offenbar über ein Netz von Handelswegen erfolgt sein, das sich durch ganz Mesoamerika zog. Um 700 n. Chr. brach die Macht Teotihuacans in sich zusammen, und die Reichshauptstadt wurde von einem Feuer vernichtet.

Die Mythologie deutet die Zerstörung Teotihuacans als Folge eines Streits zwischen den beiden Göttern Tezcatlipoca (Rauchender Spiegel) und Quetzalcoatl (Gefiederte Schlange). Da sie sich nicht einigen konnten, wer denn nun die Herrschaft übernehmen sollte, verließ die Gefiederte Schlange Teotihuacan und gründete nach langer Reise die Stadt Tula, den „Platz des Schilfrohrs", wo sie fortan als Priesterkönig herrschte.

Welche Wahrheit in diesem Mythos steckt und welchen Bezug er zum Fall Teotihuacans hat, kann nur Spekulation sein. Doch archäologische Funde belegen einen blühenden Kult der Gefiederten Schlange in Tula. Ihre Bewohner, die wir heute als Tolteken bezeichnen, konnten von hier und seinen Nebenzentren aus ab 900 n. Chr. 200 Jahre lang die Region beherrschen und ihre Kultur über ihre Stammesgrenzen hinaus verbreiten. Dabei lassen sich in der Mayastadt Chichén Itzá auf der Halbinsel Yucatán zwei Bauphasen deutlich unterscheiden: ein früher, rein mayaischer Gebäudekomplex, der unter dem Namen Alt-Chichén bekannt ist, und ein neuerer Komplex mit zahlreichen Reliefs, die Weltbild und Glauben der Tolteken zeigen.

Aber um 1100 n. Chr. beginnt die Macht aller Zentren allmählich zu verblassen. Gründe dafür könnten kriegerische Auseinandersetzungen zwischen rivalisierenden Gruppen oder ein Anstieg der Bevölkerung durch Zuwanderung in die Städte gewesen sein, so daß Dörfer und Gehöfte die vielen Menschen nicht mehr ernähren konnten. Vielleicht spielten auch Seuchen eine Rolle. Fest steht aber, daß die Maya nicht verschwanden, sondern bis heute die Bevölkerungsmehrheit in den Ländern Mesoamerikas darstellen, wenngleich sie ihre Kultzentren aufgaben und sich verstreuten.

Etwa um 1200 n. Chr. wanderten dann kleine Gruppen nomadischer Jäger und Krieger in dieses Gebiet ein, die Chichimeken. Sie übernahmen viele Kulte und Glaubensvorstellungen von den Maya und Tolteken und gründeten auf einer Reihe von Sumpfinseln im See von Texcoco die Stadt Tenochtitlan. Ein anderer Chichimekenstamm ließ sich auf der nahe gelegenen Insel Tlatelolco nieder. Um 1425 n. Chr. war die Macht der erstgenannten Gruppe so weit etabliert, daß Tenochtitlan sich mit Tlacopan und Texcoco vereinigte, um die Nachbarn zu unterwerfen, darunter Tlatelolco. Nach der Vereinigung nannten sich die Stämme fortan „Dreierallianz“, doch sind sie besser bekannt unter dem Namen Azteken. Diese brachten zunächst Mesoamerika unter ihre Gewaltherrschaft. In den besiegten Städten wurden Garnisonen errichtet, und Steuereintreiber verlangten hohe Tribute, die jährlich an die herrschende Elite in Tenochtitlan abgeführt werden mußten.

Unter den Azteken war die Macht, anders als bei den unabhängigen Stadtstaaten der Maya, auf eine einzige Person konzentriert, die als lebender

In welch katastrophalem Zustand sich viele der Ritualzentren der Maya zum Zeitpunkt ihrer Entdeckung im 19. Jahrhundert befanden, zeigt diese zeitgenössische Lithographie von Frederick Catherwood. Die steinerne Skulptur im Vordergrund ist eine Darstellung der Gefiederten Schlange, die sich einst wohl auf dem Platz befand, wo die Rituale stattfanden. Im Hintergrund die Pyramide von El Castillo.

Repräsentant jener Mächte angesehen wurde, von denen die Azteken ihre Herkunft ableiteten. Daraus folgte, daß der Priesterkönig nur aus einer einzigen Familie stammen konnte, und zwar aus der, die sich in direkter Linie zu den toltekischen Vorfahren sah, den Nachkommen des Quetzalcoatl. Seltsamerweise war aber nicht Quetzalcoatl (Gefiederte Schlange) die Schutzgottheit der Azteken, sondern Tezcatlipoca (Rauchender Spiegel) bzw. Huitzilopochtli, der Schirmherr des Krieges. Gefiederte Schlange und Rauchender Spiegel standen jedoch in Opposition zueinander. So war der Erstgenannte der Schöpfergott, dem man Blumen schenkte, während dem zweiten Menschenherzen als Opfergaben dargebracht wurden. Ironischerweise aber richtete der Gott der Blumen, Gefiederte Schlange, die Opferung von menschlichen Herzen für seinen Rivalen Rauchender Spiegel aus. Aus diesem Grund hießen die Opferpriester auch Quetzalcoatls.

Die letzte Phase der mesoamerikanischen Kultur begann 1503, als Montezuma Xocoyotzin den Thron bestieg. Als direkter Nachfahr der Toltekenkönige beanspruchte Montezuma die Autorität der Gefiederten Schlange und war fest davon überzeugt, daß Quetzalcoatl von Tula zurückkehren würde, um seinen Rivalen Rauchender Spiegel zu besiegen. Die alten Mythen erzählten nämlich, die Repräsentanten Quetzalcoatls würden als seltsame weiße Männer in fremdartiger Kleidung über das grosse Wasser kommen, um die Macht von Rauchender Spiegel zu brechen. Ferner wurde berichtet, daß dieses Ereignis mit Ce Acatl, dem Ende des 52jährigen Kalenderzyklus, zusammenfallen werde. Das Ende jeder 52-Jahre-Periode wurde daher stets mit aufwendigen Zeremonien und Opfern begangen, um die Götter zu besänftigen und sicherzustellen, daß der Zyklus auf jeden Fall erneuert werde. Von daher war diese Periode immer eine sehr schwierige Zeit der Unsicherheit und Unruhe.

Nun wollte es das Schicksal, daß das Ende eines solchen Kalenderzyklus ausgerechnet auf das Jahr 1519 fiel, also just zu dem Zeitpunkt, als Montezuma von weißen Männern, die übers Meer gekommen waren, hörte. Einer dieser weißen Männer war Hernan Cortés. Montezuma jedoch muß diese Ankunft als Omen gesehen haben, das den bevorstehenden Kampf zwischen Gefiederter Schlange und Rauchendem Spiegel ankündigte. Vielleicht ahnte er auch, daß die spanischen Eroberer die Azteken besiegen und damit unbewußt die alte Weissagung der Aztekenmythen erfüllen würden.

Der Wasserstrudel war eine der Manifestationen von Chalchiuhtlicue und ist hier auf einem Mosaikfederschild zu sehen. Chalchiuhtlicue gehörte zu den bedeutenden Fruchtbarkeitsgöttinnen der Azteken.

DIE OLMEKEN: URSPRÜNGE DER AZTEKENKULTUR

Der mexikanische Gelehrte Miguel Covarrubias nennt die Olmeken die „Mutterkultur“ aller späteren mesoamerikanischen Entwicklungen. In der Tat glaubte man bis vor kurzem, daß sich alle mesoamerikanischen Strömungen bis zu den Olmekenstämmen zurückverfolgen ließen, die im Tiefland des südlichen Veracruz und westlichen Tabasco in der Nähe des Flusses Coatzacoalcos am Golf von Mexiko lebten. Heute wissen wir jedoch, daß es sich bei den Olmeken um verschiedene unabhängige Stämme handelte, die aber alle an der mit dem Maisanbau verbundenen Urbanisierung Mesoamerikas großen Anteil hatten. Den Archäologen bestens vertraut, sind vor allem die großen Kultzentren der Küstenolmeken. Zum einen deshalb, weil sie durch ihre Größe sehr einprägsam sind, aber zum anderen auch dadurch, weil sie in Gebieten liegen, die man leicht erreichen und daher gut erforschen konnte. Olmekenruinen im Herzen Mesoamerikas dagegen sind aufgrund der dichten Vegetation kaum näher untersucht. Unser Wissen über die Olmeken beruht daher vor allem auf den Funden aus der Küstenregion am Golf von Mexiko, wenngleich man sich durchaus im klaren ist, daß es noch viele andere Stätten zu entdecken oder zumindest zu erforschen gilt.

Kehren wir also deshalb zu den Olmeken der Küsten zurück – einer Landschaft, die sich sehr gut für die Landwirtschaft im großen Maßstab eignet, da man dort das ganze Jahr über Mais anbauen kann und der Boden aufgrund saisonaler Überschwemmungen entlang der Flußläufe ausgesprochen fruchtbar ist. Die Fruchtbarkeit dieses Landstriches war es auch, welche der Kultur der Küstenolmeken zu blühendem Wohlstand verhalf. Sie machten die großen Siedlungen zu den einflußreichsten unter den verschiedenen Ansiedlungen, die vor etwa 3000 Jahren entstanden, wodurch der Olmekenstil in Kunst und Architektur sich noch weitab der Flußgebiete zeigte. Neuere Untersuchungen haben ergeben, daß das Olmekengebiet eine der wichtigsten archäologischen Zonen der Welt ist, mit einer Dichte von archäologischen Stätten, die in ganz Amerika ihresgleichen sucht. Ferner fand man heraus, daß die Kultzentren Mittelpunkt der rituellen Handlungen einer Stadtbevölkerung waren, die in die Tausende ging. Aber dort, wo es nur stumme Zeugen gibt, wie Steine, architektonische Substanzen, Skulpturen, Keramikfunde und andere unvergängliche Überreste, bleiben viele Fragen unbeantwortet, wenngleich die archäologischen Stätten doch einiges über das Leben dieser alten Völker preisgeben.

So scheint sich der olmekische Einfluß eher friedlich als durch Eroberungen ausgebreitet zu haben, denn es gibt keine Hinweise dafür, daß die Olmeken besonders kriegerisch oder expansiv gewesen wären. Möglicherweise ließen sich heimatlos gewordene Olmeken auch in Teilen anderer Stadtkomplexe im mexikanischen Hochland nieder, denn bei Bauarbeiten in Tlatilco am Nordwestrand von Mexico City und in Chalcatzingo, etwa 120 km südöstlich von Mexico City, hat man unlängst beachtliche Grabstätten und Steinreliefs entdeckt, die unzweifelhaft olmekischen Ursprungs sind. Ein solches Relief in Chalcatzingo zeigt beispielsweise eine sitzende Herrscherin, die einen Rock und einen hochaufragenden Kopfschmuck trägt. Sie sitzt auf einem Thron in einer höhlenartigen Öffnung, die vom typischen aufgerissenen Maul einer olmekischen Schlangengottheit gebildet wird.

Ein anderes Relief zeigt zwei Krieger mit einem Gefangenen. Sie tragen die die olmekische Kultur kennzeichnenden Werjaguarmasken (halb Mensch, halb Jaguar), weshalb man sich des Eindrucks nicht ganz erwehren kann, daß die Olmeken doch nicht immer so friedliebend gewesen waren, wie gemeinhin angenommen. Trotzdem dürften die Olmeken zu ihren Nachbarn meist ein überaus freundliches Verhältnis gehabt haben, denn sie waren mehr am Handel als am Krieg interessiert. Ihre Sorge schien eher den aggressiven und gefährlichen Kräften innerhalb ihrer eigenen Welt als den äußeren Gefahren gegolten zu haben. So finden sich in den Kultzentren viele Reliefs, die die Gewalten des Himmels, der Erde und der Unterwelt darstellen. Phantastische Gestalten in Form von grausamen Mensch-Tier-Göttern wie Mensch-Jaguar, Jaguar-Vogel, Vogel-Jaguar-Alligator und Mensch-Alligator sowie Götter, die als Klapperschlange, Harpyie, Hai oder Affe dargestellt werden, tauchen immer wieder auf und weisen darauf hin, daß sich die Olmeken vor Wesen des Dschungels und des Meeres offenbar sehr gefürchtet haben müssen. Auch Erdgewalten schienen ihnen Angst einzuflößen. Das beweist die große Erdpyramide von La Venta, die einen Vulkan darstellt.

Die enge Beziehung zur unmittelbaren Umwelt und ihren Mächten – möglicherweise eine Erbschaft ihrer Sammler- und Jägerahnen, die auf Wild, Fisch und Wildfrüchte angewiesen waren –, zeigt sich auch darin, daß die Olmeken Naturwunder wie Höhlen, Berge und Klippen durch Malereien und Reliefs als heilige Orte kennzeichneten. Ferner gibt es Hinweise, daß sich die Olmeken der Vermittlung von Schamanen bedienten. Schamanen waren Menschen, die mit besonderen Kräften die Natur beeinflussen und zwischen Welten vermitteln konnten. All diese Kennzeichen der mesoamerikanischen Kulturen finden sich in Symbolen in Kunst und Architektur der Olmeken.

Charakteristisch für diesen Symbolismus ist die Art und Weise, wie Raum und Zeit als dualistische und in wechselseitiger Abhängigkeit zueinander stehende Aspekte des heiligen Glaubens eingeordnet wurden. Nur wenn wir das verstehen, können wir die komplexen Kosmologien späterer Kulturen wie die der Azteken deuten. Eine bessere Kenntnis dieser Vorstellungen hat man erst in neuerer Zeit erhalten. Bis zu dem Zeitpunkt, als man 1965 in Las Limas/Veracruz eine Grünsteinfigur fand, hatte man angenommen, die Religion der Olmeken sei monotheistisch gewesen und hätte

Der Überlieferung nach lebte der Regengott Tlaloc auf den Berggipfeln. Wenn ihm die Opfer und Gebete, welche die Menschen ihm zu Ehren machten, gefielen, versammelte er hier die Regenwolken und sandte sie zum Zeichen seiner Gunst den Menschen.

LINKS
Für die Olmeken waren Höhlen der Eingang zur Unterwelt, aber gleichzeitig auch die Öffnung, durch die der Überlieferung nach die Herrscher und Götter in die diesseitige Welt kamen. Ein göttliches Kind in seinen Armen haltend, entsteigt dieser Herrscher dem Rachen eines stilisierten Jaguars, der den Eingang zur Unterwelt bewacht.

GEGENÜBERLIEGENDE SEITE
Sinn und Zweck dieses olmekischen Kolossalkopfes sind unklar. Man nimmt an, daß er eine zeremonielle Funktion hatte, da man ihn in der Nähe von Kultplätzen fand. Vielleicht ist er aber auch nur einfach das Portrait eines Priesterkönigs.

die Verehrung einer einzigen Werjaguargottheit, die als Menschenkind mit Jaguarzügen dargestellt wurde, zum Inhalt gehabt. Genauere Untersuchungen ergaben jedoch, daß die Figur Bildinschriften anderer olmekischer Götter trägt, die man zuvor für Totemsymbole der herrschenden Klasse gehalten hatte.

So wissen wir also heute, daß in der Welt der Olmeken eine Heerschar unterschiedlicher Mächte eine Rolle spielte und folglich die großen Kultzentren nicht nur Wallfahrtsorte und Anbetungsstätten waren, sondern auch Mythen und Glaubensvorstellungen widerspiegelten. Die Anlage eines heiligen Bezirks wurde somit zum

Für bestimmte Zeremonien bemalten die Azteken ihr Gesicht. Diese Tonstempel hier dienten möglicherweise dazu, stilisierte Farbmuster auf die Haut zu bringen.

Ausdruck dessen, wie man das Zusammenspiel von Raum und Zeit als Schöpferkraft einer mit übernatürlichen Kräften ausgestatteten Umwelt sah.

Der Umgang mit Raum und Zeit wird vor allem in dem großen Olmekenzentrum auf der Insel La Venta in Tabasco deutlich. Das Herz der Anlage bildet eine Ansammlung von Hügeln, Skulpturen und Tempeln, die astronomischen Zwecken dienten. Sie sind so angeordnet, daß sie eine Beziehung zueinander bilden, die den Kalenderdaten entspricht. Der architektonische Plan, der der Anlage mitsamt ihrer den heiligen Vulkan darstellenden Pyramide in der Mitte zugrunde liegt, drückt Episoden der Mythologie aus. Wenn die Schamanen eine Prozession von einem Teil des Komplexes zu einem anderen anführten, vollzogen sie den Weg nach, den eine Gottheit in der Mythologie des Volkes gegangen war. Die kalendarische Anordnung der Gebäude legt auch nahe, daß sie Ausdruck einer bestimmten Jahreszeit waren, in der ein Ritual stattfinden mußte.

Leider können wir nicht genau sagen, welche Riten in La Venta vollzogen wurden. Seit der Zerstörung dieses Kultzentrums um 400 v. Chr. ist zuviel Zeit vergangen, weshalb weitere archäologische Untersuchungen schwierig und wenig erfolgversprechend sind. Außerdem wurden viele der erhaltenen Monumente zu ihrem Schutz in einen

öffentlichen Park in Villahermosa gebracht, so daß man sie nicht mehr an Ort und Stelle untersuchen kann. Sicher ist jedoch, daß die Architekten von La Venta und anderen olmekischen Kultstätten Gebäude und Statuen nach einem Kultkalender errichtet und angeordnet haben. Dieser Kalender wiederum wurde auf der Grundlage sorgfältiger Beobachtungen der Bewegungen von Sonne, Mond und Sternen erstellt, astrologisch gedeutet und in Mythen festgehalten, die von Generation zu Generation überliefert wurden.

Die religiösen Überzeugungen basierten also nicht auf der Verehrung einer einzigen Tiergottheit, wie man lange geglaubt hatte, sondern auf einem komplizierten Kult, dessen daraus erwach-

LINKS
Dieses Steinrelief zeigt einen olmekischen Krieger in traditioneller Tracht. In der Hand hält er ein Schild mit Spiralmuster. Die Spirale war das Symbol für ein langes Leben und sollte gewährleisten, daß der Krieger im Kampf unter dem Schutze der Götter stand.

sene Kultur durchaus mit der der Alten Welt, z.B. im alten Ägypten oder Mesopotamien, vergleichbar war.

Das Verhältnis zwischen Mensch und Natur zeigt sich auch in den Opfergaben, die man in La Venta wieder zutage gefördert hat. Zu diesen gehören die gewaltigen Mosaikpflaster, die eine Jaguarmaske darstellen. Der Serpentinstein für diese Böden wurde über viele Kilometer Entfernung an diese Stelle transportiert, dort zu einem kunstvollen Mosaik verarbeitet und dann – seltsamerweise – metertief unter der Erdoberfläche versenkt. Warum die Olmeken das taten, können wir nur erahnen. Die einzige Erklärung könnte sein, daß mit der Unterwelt, repräsentiert durch den Jaguargott, tatsächlich die unterirdische Welt assoziiert wurde und Geschenke an ihn nur dort, unter der Erdoberfläche, ihren heiligen Zweck erfüllten.

Ebenfalls in La Venta fand man eine Gruppe von Jade- und Serpentinfiguren, die in ihrer Anordnung eine Zeremonie darstellen sollten. Nachdem man sie vergraben hatte, wurde die Stelle markiert, damit man sie später wieder bergen konnte. Die erlesenen Figuren werden von schmalen Keilen getragen, die wohl die Basaltsäulen der oberirdischen Monumente nachahmen sollen. Welche Bedeutung diese Figuren auch sonst noch gehabt haben mögen, so ist doch die Tatsache, daß man sie bewußt in die Erde versenkt hat, von großer Bedeutung, da nach dem Glauben der Olmeken die Mächte der Unterwelt offensichtlich direkt in das Leben der Menschen eingriffen.

Vor diesem Hintergrund lassen sich auch einige Bauelemente der olmekischen Architektur erklären, die die Fachwelt lange Zeit vor ein Rätsel stellten. Da man kein besseres Wort wußte, nannte man sie allgemein Altäre, wenngleich man sich heute darin einig ist, daß sie nie als Altäre dienten. Man findet sie in La Venta und andernorts. Dabei handelt es sich um Steinquader mit einer Nische auf einer Seite, aus der ein Priesterkönig oder Gottmensch hervortritt. Da die Figren sowohl Kennzeichen der menschlichen wie auch der heiligen Welt aufweisen und meist mit Schlangen- oder Jaguarmotiven kombiniert sind, kann man schließen, daß die olmekischen Priesterkönige nicht nur als weltliche Stellvertreter der Götter angesehen, sondern gar mit den Göttern der Unterwelt gleichgesetzt wurden. Unter diesem Aspekt läßt sich die Architektur deuten als Darstellung des Jaguargottes, der aus der Unterwelt hervorkommt, damit sich seine Macht durch den Priesterkönig in der Welt der Menschen

OBEN
Kleine Frauenfigur mit Muschelanhänger. Solche Anhänger waren für die bedeutenden Mitglieder der Olmekengesellschaft Statussymbole. La Venta.

GEGENÜBERLIEGENDE SEITE
Die Muster auf der Wange dieses Männerkopfes stellen eine Gesichtsbemalung oder eine Tätowierung dar. Der Kopf ist in der Form einer hacha gehauen, die als Teil einer Zeremonientracht bei Riten im Zusammenhang mit dem Ballspiel getragen wurde. Olmekisch.

manifestieren kann. Der Priesterkönig wird somit zur Inkarnation der Gottheit selbst.

Die Bedeutung der Altäre beschränkt sich jedoch nicht auf die Beziehung zwischen Unter- und Oberwelt und den Status der Priesterkönige. Auf vielen dieser Darstellungen tritt der Jaguargott aus dem Maul einer Schlange, die den Nischenrahmen bildet. Er hält ein Seil in Händen, das sich um den ganzen Block zieht. An dem Seil ist ein Gefangener oder Sklave festgebunden, der aber

erst auf der anderen Seite des Quaders, also vis-à-vis dem Bildnis des Jaguargottes, dem Betrachter vor Augen tritt.

Aus der Mythologie der Azteken kennen wir die Schlange nicht nur als Symbol der Unterwelt, sondern auch als Symbol der Fruchtbarkeit und Schöpfungskraft, eng verbunden mit Flüssen, Quellen und Brunnen. So kommt der Gottmensch oder Jaguar nicht einfach aus der Unterwelt, sondern er wird von der Schlange ins Leben gerufen: Die Schlange gebiert somit die Kräfte, welche die olmekische Welt erhalten. So scheint der im Popol Vuh festgehaltene Mythos der Quiché-Maya, der in der Einführung zitiert ist, auf eine sehr alte Überlieferung zurückzugehen, die ihren Ursprung bei den Olmeken hat. Wir erinnern uns: „Am Anfang herrschte Finsternis, und in den Wassern lag die Gefiederte Schlange, die zusammen mit Himmels Herz die Welt schuf ...“ . Bleibt nur noch zu klären, welche Funktion der Sklave hat. Er

OBEN
Dieses Flachrelief eines Jaguars ist ein Ausschnitt aus einem Schmuckfries auf der Nordseite der Pyramide des Quetzalcoatl in der Toltekenhauptstadt Tula.

GEGENÜBERLIEGENDE SEITE
Hier eine Zeremonienaxt aus Jade. Die in Falten gelegte Stirn der dargestellten Figur weist auf ihren olmekischen Künstler hin.

Tlauixcalpantecuhtli in Gestalt des Planeten Venus hatte während eines Venusumlaufs sowohl gütige wie auch grausame Phasen. Dieser Ausschnitt aus dem Codex Coapi zeigt ihn beim Angriff auf Ozelotkrieger. Der Speer des Gottes hat das Herz eines Kriegers durchbohrt. Die Zeichen links sind Datumsglyphen. Sie geben den Venuszyklus an, auf den sich die Darstellung bezieht.

könnte ein Symbol für die Macht des Jaguargottes und ein Hinweis darauf sein, daß die Glaubensvorstellungen der Olmeken zeitweise auch gewaltsam unter den Nachbarstämmen verbreitet wurden.

Bedeutsam ist auch die Tatsache, daß viele der olmekischen Darstellungen den Werjaguar als menschlich-tierisches Kind zeigen. Das heißt, daß der neugeborene Nachkomme der Schlangengottheit sich in der Menschenwelt als Jaguargott ausdrückt.

Diese Beziehung zwischen Natur und Mensch findet sich auch in einem Flachrelief aus Chalcatzingo. Dort sitzt der Priesterkönig oder menschengestaltige Gott in einer Höhle und hält eine von Wolken, Wasser, Jade, Pflanzen und von einem die Erde symbolisierenden Stein umgebene Schachtel in den Händen. Auf diesem Bild erkennen wir eine ganze Reihe von Mächten, die der Gefiederten Schlange sowie dem Himmels Herz unterstehen. So finden wir hier die Kräfte des Himmels im Zeichen des lebenspendenden Regens, die Fruchtbarkeit im Zeichen der Pflanzen sowie die Mächte der Unterwelt im Zeichen des Steins. Unsere „stummen Zeugen" verraten uns also immer mehr über die Vorstellungen der Olmeken. Daraus lassen sich dann spätere Entwicklungen ableiten, die schließlich ihren Ausdruck in der Kultur der Azteken fanden. Es ist zwar ein mühevolles Unterfangen, aus archäologischen Stätten, bildlichen Darstellungen und der Anordnung von Gebäuden Informationen zu gewinnen, doch wird zunehmend klarer, daß das Weltbild der Olmeken recht kompliziert war.

Einen weiteren Aspekt der Olmekenkultur vermitteln die Kolossalköpfe von La Venta, das um 1200 v. Chr. ein blühendes Zentrum war. Ähnliche, aber kleinere Köpfe wurden bei San Lorenzo gefunden. Die Köpfe von La Venta sind fast drei Meter hoch und wiegen über 40 Tonnen. Neben einigen anderen gewaltigen Monumenten wurden sie aus Basalt gehauen, der aus dem über 70 km entfernten Tuxtlagebirge herbeigeschafft worden war. Die Tatsache, daß jeder Kopf ein individuelles Porträt darstellt, hat die Frage aufgeworfen, ob es sich bei den Köpfen um eine Art Ahnengalerie von Priesterkönigen gehandelt haben könnte.

Noch wichtiger ist vielleicht, was uns diese Kolossalhäupter über das Leben der Olmeken sagen. So lassen sie beispielsweise auf eine hierarchisch gegliederte Gesellschaft schließen, innerhalb derer in jedem Zeremonienzentrum ein eigenständiger Herrscher regierte. Damit be-

saßen sie nicht wie die Azteken ein Reich mit zentralistischer Herrschaft.

Des weiteren können wir annehmen, daß in den Zentren hochrangige Personen lebten, die den Kultkalender bewahrten und für die Ausführung der Zeremonien Sorge trugen. Sicherlich konnten die Zentren trotz ihrer Größe nicht ein solches Heer von Arbeitern beherbergen, wie es für die Errichtung der gewaltigen Steinmonumente notwendig war. Es ist daher wahrscheinlich, daß die Mehrheit der Bevölkerung in kleinen Ansiedlungen inmitten der Maisfelder lebte und nur zu den Bauarbeiten in die Kultzentren kam bzw. dort anwesend war, um an bestimmten Zeremonien teilzunehmen.

Aufgrund all dieser Erkenntnisse können wir davon ausgehen, daß die Kultur der Olmeken hoch entwickelt war und die politische und religiöse Führung in den Händen einer relativ kleinen Gruppe hochrangiger Personen lag. Diese Personen assoziierte man mit den menschen- und tiergestaltigen Gottheiten, die, wie die Olmeken glaubten, die Welt bevölkerten. Funde von Fabelwesen-Kostümen mit Namenszeichen (Glyphen) verraten uns etwas über das komplizierte Verhältnis zwischen Menschen und Göttern sowie die soziale Schichtung der Olmekengesellschaft. Zeugnisse eines weitverbreiteten olmekischen Einflusses und Figuren aus Jade und Serpentin weisen auf eine rege Handelstätigkeit hin, vor allem bei der Oberschicht.

Doch es gibt auch ungelöste Rätsel. So erfuhr das Zentrum von San Lorenzo etwa um 900 v. Chr. eine seltsame Art der Zerstörung, die sich darin äußerte, daß alle oberirdischen Monumente einer religiösen Schändung anheimfielen, indem sie zunächst zerschlagen, zerkratzt, durchlöchert und anschließend von ihrem ursprünglichen Platz auf die nahe gelegenen Bergkämme geschleppt und dort aufgereiht wurden. Danach vergrub man sie und gab San Lorenzo auf. Eine ähnlich paradoxe Vernichtung gab es in La Venta um 400 v. Chr. Auch hier wurden wieder alle oberirdischen Monumente, darunter die gewaltigen Steinköpfe, bis zur Unkenntlichkeit verstümmelt.

Was zur Zerstörung und Aufgabe der Olmekenstätten und damit letztlich zum Niedergang der olmekischen Kultur geführt hat, werden wir wahrscheinlich nie erfahren, aber es gibt verschiedene Theorien: Revolution, Invasion oder rituelle Demontage. Jedenfalls hinterließen uns die Olmeken keine anderen Zeugnisse als die Ruinen ihrer Kultzentren.

Nur eine einzige Stätte, Tres Zapotes, scheint die Traditionen der alten Hochkultur weitergeführt zu haben. Sie bildet damit das Verbindungsglied zwischen den Olmeken und den späteren Maya. Ein Fund von Tres Zapotes macht das besonders deutlich. Es handelt sich dabei um einen Steinpfeiler, der unter dem schlichten Namen Stela C geführt wird und auf einer Seite die bekannte Jaguarmaske zeigt. Auf der Rückseite aber findet sich eine trügerisch einfache Anordnung von Strichen und Punkten. Aus Untersuchungen von Mayareliefs wissen wir, daß es sich bei diesen Strichen und Punkten um Datumsglyphen handelt. Sie zeigen, daß schon die späten Olmeken ein Kalender- und Schriftsystem entwickelt hatten, das von den nachfolgenden Maya und Azteken übernommen wurde.

Der Affengott Ozomatli war eine bedeutende Gestalt in der Mythologie der Azteken und Maya. Hier sieht man ihn als Schutzpatron des Schrifttums. Als Diener des Frühlings- und Maisgottes Xochipilli fungierte der Affengott auch als Bote zwischen Göttern und Menschen.

DAS ERBE DER OLMEKEN

GEGENÜBERLIEGENDE SEITE
Eine zapotekische Begräbnisurne aus der Provinz Monte Albán.

Nach dem Zusammenbruch der Olmekenkultur lebten die Menschen in weiten Teilen Mesoamerikas in kleinen Dörfern, die sich um flache Tempelplattformen scharten. Da diese Ansiedlungen auf alten Ruinen aufgebaut wurden, war die alte Olmekenkultur hier kaum mehr spürbar. Dafür aber findet man Elemente des Olmekenglaubens, wenn auch stark abgewandelt, bei den Zapoteken im Tal von Oaxaca und den sprachverwandten Mixteken in den Bergen von Oaxaca. Zapoteken und Mixteken konnten im Gegensatz zu vielen anderen mesoamerikanischen Gruppen ihre Unabhängigkeit bewahren, bis sie Ende des 15. Jahrhunderts von den Azteken unterworfen wurden.

Über die Frühzeit der Mixtekenkultur weiß man fast nichts, vermutlich lebten sie in verstreuten Bergdörfern. Der olmekische Einfluß auf die Zapoteken ist indessen deutlicher. Unser Wissen darüber stammt hauptsächlich von archäologischen Untersuchungen ihrer Bergstadt Monte Albán. Monte Albán wurde um 500 v. Chr. gegründet und blieb bis um 800 n. Chr. eine militärische, kulturelle und politische Macht. Dann begann sein Untergang, nicht zuletzt aufgrund von Kriegen mit den Mixteken. Aber in Monte Albán finden wir Belege für die Entwicklung einiger Merkmale, die als charakteristisch für die Kulturen Mesoamerikas gelten: u.a. die komplizierte Anordnung von Tempelbergen und Kultplätzen, die zunehmende Bedeutung ritueller Ballspiele, die ihre Wurzeln in der Olmekenkultur haben, die Perfektion von Schrift und Kalendersystem sowie zahlreiche bildhauerische Darstellungen von Herrschern und Gottheiten. Viele Reliefs zeigen darüber hinaus rituelle Blutopfer. Eine der Tempelplattformen von Monte Albán z.B. ist mit Steinplatten verkleidet, deren Flachreliefs nackte männliche Gestalten mit geschlossenen Augen und offenem Mund zeigen. Auffallend sind ihre verstümmelten Genitalien, aus denen Blut in ein Blumenmuster spritzt. Diese Art des Opfers ist uns aus späteren Zeiten als eine Bußübung bekannt, die von zölibatären Priestern vollzogen wurde. Damit wird deutlich, daß bereits die Zapoteken diesen Ritus praktizierten.

Die Glyphen auf den Reliefs sind die Namen der Herrscher, die entweder in Eroberungskriegen als rituelle Opfer getötet wurden oder deren Städte von den Zapoteken eingenommen und zu Tributleistungen verpflichtet wurden. Auf diese Weise festigten die Zapoteken zwischen 500 v. Chr. und 200 n. Chr. ihre Vorherrschaft im Tal von Oaxaca und schufen echte Stadtstaaten, die von einer Priesterkönigkaste regiert wurden. In ihrer Architektur kommt die schon von den Olmeken herrührende enge Beziehung zwischen Mensch und Umwelt klar zum Ausdruck, und zwar derart, daß die Zapoteken sogar die Landschaft veränderten, um deren heiligen Charakter zu betonen. So ebnete man beispielsweise in Monte Albán für die zukünftigen Gebäude den gesamten Berggipfel und legte bei den umliegenden Bergen Terrassen an. Es gibt auch zahlreiche Funde von unterirdischen Grabstätten, häufig mit reichen Grabbeigaben, u.a. Terrakottaurnen mit Darstellungen verschiedener Gottheiten.

Leider war es bis heute nicht möglich, einige Zapotekenschriften zu entziffern. Wir wissen deshalb nicht, welche Götter und Mächte besonders bedeutend waren. Mit Sicherheit kam aber den alten Landwirtschaftsgöttern eine wichtige Rolle zu. Auch der Maisgott und der Regengott, die später bei den Azteken einen besonderen Stellenwert innehaben sollten, müssen den Zapoteken bekannt gewesen sein, ebenso der Feuergott als Symbol der Sonne und Urheber der Welterneuerungsriten am Ende eines 52-Jahres-Kalenderzyklus. Ebenso finden wir den Jaguargott als Herrscher der Unterwelt, der sich direkt aus dem Glauben der Olmeken ableitet.

Die Verehrung der Landwirtschaftsgötter bedingte logischerweise die Beachtung der Naturkreisläufe, die wiederum in enger Verbindung mit dem Sternenhimmel standen. So läßt die Ausrichtung mancher Gebäude auf astronomische Beobachtungen schließen. Dabei waren u.a. Sonnenwenden, Tagundnachtgleichen sowie der Lauf der Venus (als Morgen- und Abendstern) von hohem Stellenwert.

Der Vulkan Popocatepetl galt als Sitz wichtiger Gottheiten. Vom Gipfel des Berges aus warteten sie auf Botschaften der Unterwerfung, welche die Tempelpriester ihnen zukommen lassen mußten. Mexiko.

Diese Keramikschale stellt in der Mitte einen Jaguar dar, der von Feuersymbolen umgeben ist. Schon allein das Motiv verweist auf den rituellen Zweck der Schale, die somit kein Haushaltsgegenstand war. Aztekisch.

Was die frühen Mixtekensiedlungen angeht, so scheinen die Zapoteken sie nie unter ihre Herrschaft gezwungen zu haben. Umgekehrt machte aber um 1200 n. Chr. der mixtekische Adel Vorstöße in den zapotekischen Machtbereich. Mit militärischer Stärke und „arrangierten" königlichen Hochzeiten kamen einige der kleineren Zapotekensiedlungen, und letztlich auch Monte Albán, unter mixtekische Herrschaft. Schließlich vermischten sich Zapoteken und Mixteken so sehr, daß von da ab nicht mehr von zwei getrennten Volksgruppen gesprochen werden kann. Im Zuge dieser Entwicklungen wurde auch die mixtekisch-zapotekische Hauptstadt von Monte Albán nach Mitla verlegt. Kennzeichnend für die Architektur dieser Stadt, die als Mixteca-Puebla bekannt ist, sind geometrische Gitterwerkverzierungen an Außen- und Innenwänden sowie ebenso verzierte kreuzförmige Gräber, die typisch für die Mixteken sind. Trotz der architektonischen Zuordnung zu den Mixteken gibt es Legenden, die von einer geheimen Kammer unter der Stadt erzählen, in der zapotekische Herrscher und Adlige begraben sein sollen. Die Doppelkultur der späten mixtekisch-zapotekischen Stätten zeigt sich auch in der Stadt Zaachila, einem Zapotekenzentrum mit einem Zapotekenkönig, in dessen Gräbern sich aber polychrome Keramik im mixtekischen Stil fanden.

Während die Geschicke der Mixteken-Zapoteken im Tal von Oaxaca ein Auf und Ab erlebten, erblühte im Norden, im Hochtal von Mexiko, ein neuer Machtfaktor. Nach dem Untergang der Olmeken waren weite Teile des Tales kulturelles Niemandsland geworden. Das sollte sich auch für die nächsten 400 Jahre, bis etwa zur Zeitenwende, nicht ändern. Während der ganzen Zeit lebten dort vorwiegend kleine nomadische Gruppen, und es gab lediglich einige kleinere dörfliche Ansiedlungen. Als heilige Stätten dienten meist unterirdische Höhlen – ein Erbe der Olmeken für das sinnbildhafte Vordringen in die Unterwelt. Eine dieser Höhlen jedoch wurde zum Zentrum eines lokalen Kultes. Sie liegt 56 km nordöstlich des heutigen Mexico City. Für den religiösen Zweck wurde ihre natürliche Form soweit verändert, daß sie heute einer vierblättrigen Blüte gleicht, die die Aufteilung der Welt in vier heilige Viertel mit dem Ursprungsquell in der Mitte darstellt. Darin erkennen wir wieder die besondere Verehrung unterirdischen Wassers.

Um 300 n. Chr. war diese Pilgerstätte von einer der größten und mächtigsten Stadtstaaten Mexikos umgeben: Teotihuacan. Der Name Teotihuacan ist ein aztekisches Wort und bedeutet „Der Ort, von dem die Götter kamen" oder „Der Ort, wo man zum Gott wird". Auf dem Höhepunkt ihrer Macht, etwa um 500 n. Chr., bedeckte die Stadt eine Fläche von über 20 Quadratkilometern und hatte eine Bevölkerung von möglicherweise über 200 000 Menschen. Heute ist es die am intensivsten untersuchte archäologische Stätte Mexikos und die von Touristen meistbesuchte.

Weitaus erstaunlicher ist hingegen die Tatsache, daß die ganze Stadt nach einem sorgfältigen Plan reißbrettartig und in einem einzigen gewaltigen Bauvorhaben errichtet wurde. Wie gewaltig diese Baumaßnahme wirklich war, mag daraus hervorgehen, daß u.a. Bachläufe verlegt und Berge verändert wurden, damit sie in das Gesamtschema paßten. Teotihuacans Glanz strahlte in ganz Mesoamerika aus und zog Künstler und Händler von nah und fern an.

Im Herzen von Teotihuacan steht die gigantische 70 m hohe Sonnenpyramide, deren Grundfläche mit der der großen Cheopspyramide in Ägypten vergleichbar ist, und die kaum weniger eindrucksvolle Mondpyramide. Beide wurden an dem 2011 m langen Totenweg errichtet, wobei die Sonnenpyramide die Ostflanke säumt, während die Mondpyramide am Nordende plaziert wurde. Der Totenweg selbst liegt in einer Linie mit dem dominierenden Berg der Region, dem Cerro Gordo, der einen großartigen Hintergrund für die Mondpyramide bildet. Es gibt einige weitere solcher optischer Verbindungen. So blickt die große Treppe nach Westen, wo man am Horizont Tianquitzli (die Plejaden) sehen kann. Die Wanderung von Tianquitzli über das Firmament war wichtig für die Berechnungen des Ritualkalenders und diktierte wichtige Ereignisse.

Im näheren Umkreis des Totenwegs stehen zahlreiche kleinere Pyramiden, Tempelkomplexe sowie die Häuser der Priester und Herrscherfamilien. Etwas weiter davon entfernt befinden sich die einfachen Viertel der Handwerker und Künstler. Insgesamt konnte man bisher über 5000 Gebäude identifizieren, die meisten davon im Stadtbereich der reichen Führungsschicht. Sie tragen farbenfrohe Fresken und Steinreliefs mit Szenen aus der Mythologie. In der sogenannten Zitadelle, die man heute für einen Königssitz hält, findet sich ein großer Pyramidenhof, dessen zentrales Bauwerk der großartige Tempel des Quetzalcoatl ist. Reliefs zeigen Gefiederte Schlangen im Wechsel mit Feuerschlangen und damit zwei vollkommen gegensätzliche Gottheiten: die Gefiederte Schlange als Gott des Lebens und der Fruchtbarkeit; die Feuerschlange als Gott der Hitze und der Wüste. Andere Gebäude hat man nach den Themen ihrer Reliefs benannt, so den Palast des „Quetzalschmetterlings" mit Quetzal- und Schmetterlingsdarstellungen. Der Tepantitla-Palast zeigt ein Paradies: tanzende Figuren inmitten von Schmetterlingen und Blumen.

Die Kulturvölker Mesoamerikas besaßen nicht nur herausragende Kenntnisse in Astronomie und Schrift, sondern auch große handwerkliche Fähigkeiten, vor allem in der Bearbeitung von Edelmetallen, von denen wiederum dem Gold eine besondere Rolle zukam, da es aufgrund seines Glanzes als Symbol der Sonne gesehen wurde, wie dieser goldene Anhänger beweist.

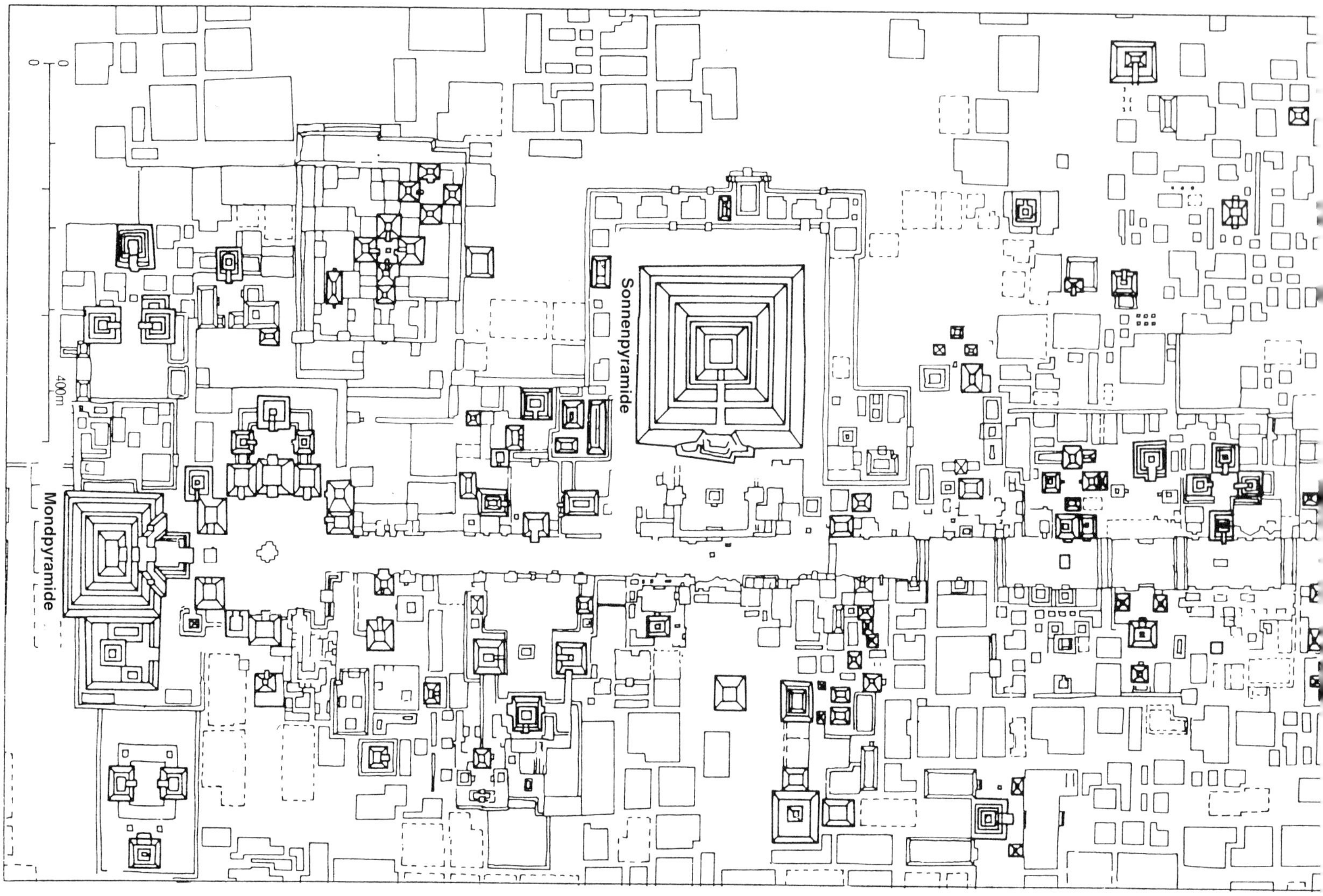

Die Stadt Teotihuacan wurde nach einem Reißbrettplan angelegt, bei dem der Todesweg den Kultkomplex im Herzen der Stadt in zwei nahezu gleich große Teile zerschneidet. Diese Zeichnung wurde aufgrund intensiver archäologischer Studien angefertigt. Im Zentrum des Kultes standen die Sonnen- und die Mondpyramide. Sie waren umgeben von kleineren Bauwerken, die als Tempel und Wohnungen für den Adel dienten.

Zwar gibt es keine schriftlichen Aufzeichnungen aus Teotihuacan, aber dennoch lassen sich viele Darstellungen auf Gebäuden als Gottheiten identifizieren, die später eine wichtige Rolle im Glauben der Maya und Azteken spielen. So findet man den Regengott Tlaloc, die Wassergöttin Chalchiuhtlicue, den Geschundenen Xipe Totec, den Maisgott, Xochiquetzal, die Göttin der Sexualität, Mictlantecuhltli, den Herrscher der Unterwelt, sowie Quetzalcoatl, die Gefiederte Schlange, zusammen mit seinem Gegenspieler, dem Feuergott.

Schon in Teotihuacan stoßen wir auf die meisten Aspekte der Kosmologie und Mythologie, die die Aztekenkultur kennzeichneten, als die Spanier zu Beginn des 16. Jahrhunderts nach Mexiko kamen, und wir müssen Teotihuacan als erstes Imperium Mesoamerikas betrachten.

Lange haben sich die Mesoamerikanisten gefragt, wie eine solch große Stadt versorgt werden konnte. Das Tal von Teotihuacan allein hätte nie genügend Nahrung produzieren können. Wahrscheinlich betrieb man damals im ganzen Hochtal von Mexiko Ackerbau. Das geschah auf den schon eingangs erwähnten Chinampas, die in den Seen angelegt und von einem geometrisch angeordneten Kanalnetz durchzogen wurden. Wasserpflanzen, Seeschlamm und Tierdung machten die Felder fruchtbar. Einige dieser Chinampas lassen sich bis heute in Teotihuacan noch erkennen, ebenso sind im Gebiet von Mexico City solche schwimmenden Gärten erhalten. Da man auf diese Weise neben den Feldern, die man mit Kanälen bewässerte, auch die Seen als landwirtschaftliche Nutzfläche verwenden konnte, deckte diese Art der Landwirtschaft nicht nur den Nahrungsbedarf ihrer Einwohner und den der umliegenden Gemeinden ab, sondern war auch Grundlage für Handel und Festlichkeiten.

Doch auch Teotihuacan wirft, wie zuvor San Lorenzo und La Venta, zahlreiche Fragen auf. So ist es ein Rätsel, warum die Blüte der Teotihuacankultur nur 200 Jahre währte, bevor die Stadtbezirke der Führungsschicht um 700 n. Chr. größtenteils von einem Feuer zerstört wurden.

Hatte sich die unterdrückte Stadtbevölkerung gegen ihre Priesterherrscher erhoben und die großartigen Gebäude, die ihre Macht demonstrier-

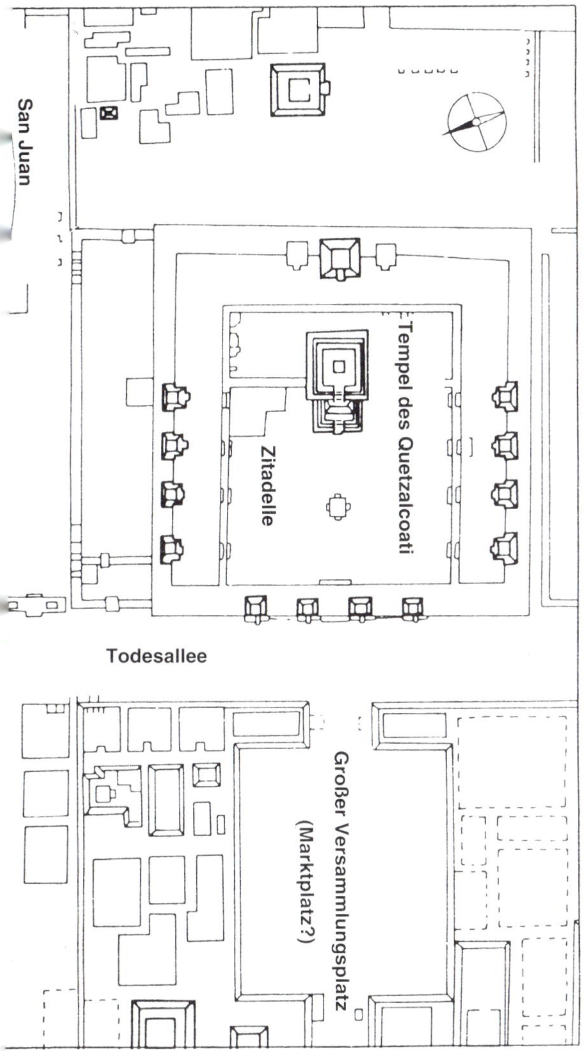

ten, vernichtet? Oder hatte die massive Abholzung der Region (man brauchte gewaltige Mengen Holz zum Kalkbrennen) die Umwelt so schwer geschädigt, daß die Region unbewohnbar wurde? Da wir die Antworten darauf nicht kennen, ist es nun an der Zeit, auf die bereits erwähnte Legende näher einzugehen. Danach soll es nämlich zwischen Quetzalcoatl (Gefiederter Schlange) und dem bösen Tezcatlipoca (Rauchender Spiegel) zu einem Streit gekommen sein, bei dem Tezcatlipoca Quetzalcoatl mit Pulque, einem berauschenden Getränk aus vergorenem Kakteensaft, betrunken machte. In seinem Rausch schlief Quetzalcoatl dann mit der Göttin der Zauberei, was Tezcatlipoca so erzürnte, daß er ihn zur Strafe aus Teotihuacan vertrieb. Daraufhin entbrannte unter den Anhängern der beiden ein erbitterter Kampf, in dessen Folge die Quetzalcoatlgetreuen die Stadt zerstörten, aber schworen, eines Tages dorthin zurückzukehren.

Auf ihrer Reise zur Golfküste gründeten Quetzalcoatl und sein Zwergengefolge die Stadt Tula (Tollan), in der Quetzalcoatl in seiner Menschengottform fortan als „Topiltzin Quetzalcoatl", „Unser Junger Prinz Gefiederte Schlange" verehrt wurde.

Von diesem Prinzen erzählte man sich weiter, daß er auf wundersame Weise das Licht der Welt erblickt und eine harte Schule zur Priesterschaft durchlaufen habe, zugleich aber auch ein berühmter Krieger sei, der jedoch Menschenopfer zu Ehren der Götter ablehne und diese des-

Wasserknappheit und die Abhängigkeit von den Früchten des Feldes machten den Regengott Tlaloc zu einem der mächtigsten Götter. Ständige Opfer sollten ihn dazu veranlassen, seine Boten, die Regenwolken, zu senden. Mixtekisch.

Das eindrucksvollste Bauwerk von Teotihuacan ist die gewaltige Sonnenpyramide. Ursprünglich war sie mit Kalkmörtel verputzt und rot gestrichen. Fresken am Fuße der Pyramide und an den Tempelwänden stellten Szenen aus der Mythologie dar, um Zuständigkeiten sowie Verhalten der Gottheiten verständlich zu machen.

OBEN
Dieser Kalenderstein stand einst auf der Gipfelplattform der großen Pyramide in der Aztekenstadt Tenochtitlan. Die Symbole innerhalb der Ringe stellen die Tage des aztekischen Jahres dar, während die Bilder in der Mitte das Erdbeben markieren, welches nach dem Glauben der Azteken das Ende der Welt herbeiführen sollte.

GEGENÜBERLIEGENDE SEITE
Diese kleine, sehr realistisch anmutende Figur ist totonakischen Ursprungs und stellt eine Adlige dar, die einen Wickelrock trägt.

halb durch Obst-, Blumen- und Schmetterlingsopfer ersetzt hatte, aber damit den Zorn Tezcatlipocas heraufbeschwor, der sich daraufhin mit einem Zauber gegen Quetzalcoatl wandte, so daß dieser Tula verlassen und ins Exil gehen mußte. Quetzalcoatl zog bis zum Golf von Mexiko und entschwand dann auf einem Floß aus Seeschlangen übers Meer – aber nicht, ohne vorher Tezcatlipoca Rache geschworen zu haben. In einer anderen Legende heißt es, er sei ins „Land der schwarzen und roten Farben gegangen". Dort soll er sich selbst verbrannt haben. Sein Herz aber verwandelte sich in den Morgenstern.

Prosaischer, aber wohl zutreffender ist, daß Tula um 900 n. Chr. von Gruppen nomadischer Sammler und Jäger gegründet wurde, die sich sprachlich von zwei Wurzeln ableiteten: den Chichimeken und den Tolteken. Die Führung hatte der Chichimekenhäuptling Mixcoatl, der auch unter dem Namen Wolkenschlange bekannt ist. Dieses Mischvolk, das wir heute Tolteken nennen, entlehnte vieles aus anderen Kulturen in Zentralmexiko, denn man findet architektonische Formen, die uns aus anderen, früheren Stätten vertraut sind. Als Krieger und Händler gleichermaßen machten die Tolteken von Tula aus ihren Einfluß weithin geltend. Sie unterwarfen zahlreiche andere

Staaten, unterhielten aber auch friedliche Handelsstützpunkte.

Im Zentrum der kultischen Verehrung in Tula stand Quetzalcoatl. Das zeigt eine dieser Gottheit geweihte große Tempelpyramide. Allerdings wurde die dem Topiltzin Quetzalcoatl zugeschriebene Opferreform sicherlich nicht so konsequent umgesetzt, wie die Legende uns glauben machen will, denn der Unterbau der Pyramide trägt die Bildnisse der bekannten mesoamerikanischen Kriegergottheiten Jaguar, Kojote und Adler und zeigt sie beim Verzehr von Menschenherzen.

Auch die Kriegerkultur der Tolteken spricht gegen eine solche Opferreform. So gab es Kriegerkasten wie die Jaguarkrieger und die Adlerkrieger, die später bei den Azteken für Menschen-

GEGENÜBERLIEGENDE SEITE
Verstorbenen Adligen wurden oft Familienmasken mit ins Grab gelegt. Das beweisen Grabfunde aus Teotihuacan, das nach dem Glauben der Azteken die Heimat ihrer Adelsahnen war. Welchen Zweck diese Masken erfüllen sollten, ist ungeklärt.

LINKS
Zwar hat man diesem Gebilde den Namen Opferstein gegeben, doch erinnert die Symbolik eher an den Kalenderstein auf Seite 50. Auch bei diesem Gegenstand wissen wir nichts über dessen Funktion. Er kann als Instrument der Zeitmessung, aber genausogut auch für Opferzeremonien verwendet worden sein.

UNTEN
Diese Kriegerfiguren trugen einst das Dach des Tempels, das auf der Quetzalcoatl geweihten Pyramide in der Toltekenhauptstadt Tula errichtet wurde.

opfer sorgen mußten. Außerdem finden sich in Tula Chacmool-Darstellungen, von denen man annimmt, sie seien Opfersteine.

In Wirklichkeit stand die Stadt also offensichtlich unter einem Militärregime. Das beweisen die 4,6 m hohen „Atlanten“ aus Basalt auf der Gipfelplattform der Pyramide des Quetzalcoatl. Einst trugen sie als Säulen das Tempeldach und stellen Toltekenkrieger in voller Rüstung dar – mit dem Feuervogelsymbol der toltekischen Herrscherklasse als Brustpanzer. Die Krieger waren keine Herrscher, aber der Herrscherkaste verpflichtet und standen in hohem Ansehen. Ihre Stärke zeigt sich in der Unterwerfung der Mayastaaten auf der Halbinsel Yucatán durch die Tolteken. Um 1200 n. Chr. hatten sie scheinbar die ganze Region entvölkert und hielten adlige Maya als Geiseln in Chichén Itzá. Mayazwangsarbeiter bauten weite Teile dieser Stadt neu auf.

Um 1224 n. Chr. aber waren vom Reich der Tolteken nur noch die Ruinen der Kultzentren, von denen man sagte, Riesen hätten sie erbaut, sowie die Legenden von Topiltzin Quetzalcoatl und Teotihuacan übrig. Letztere erzählten von der toltekischen Vergangenheit und davon, daß die

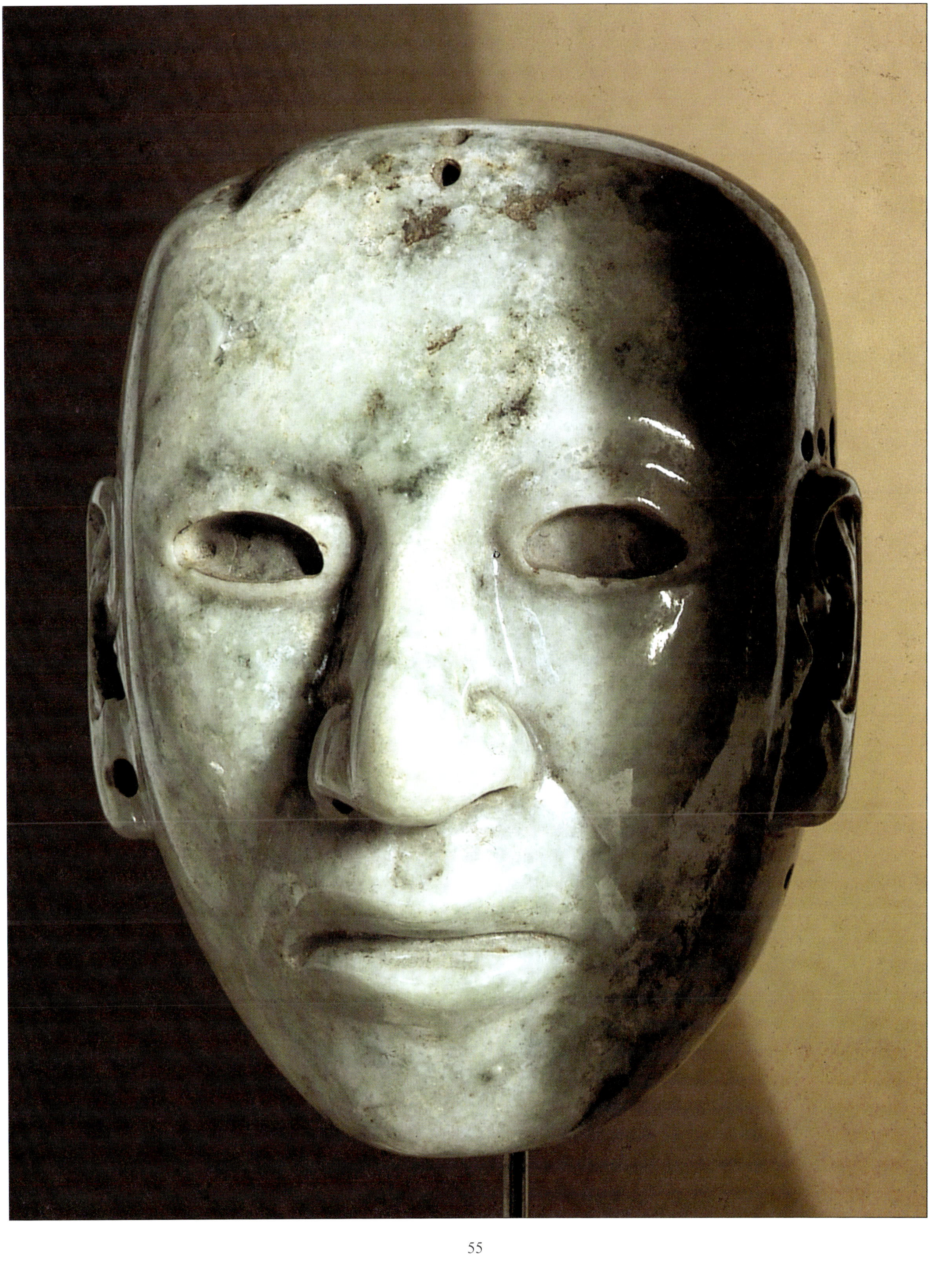

Gebäude jener Zeit mit Edelsteinen besetzt gewesen seien und alle Weisheit aus der Stadt Tula kam, so auch der Kultkalender und das Schriftsystem Mesoamerikas. Vieles davon müssen wir heute als phantastische Übertreibung der Tatsachen ansehen, denn in Wirklichkeit waren Kalender und Schrift schon 2000 Jahre früher bei den Olmeken bekannt. Dennoch hielt man die Toltekenherrscher als Personifizierungen des Quetzalcoatl in so hohen Ehren, daß die Aztekenregenten ihr Herrschaftsrecht als göttliche Priesterkönige aus ihrer Abstammung von den Tolteken ableiteten.

LINKS
Hier eine Detailansicht der Kriegerfiguren von Seite 53 unten. Sehr gut erkennbar, die Kriegerrüstung der Soldaten.

SEITE 54 OBEN
Ausschnitt aus einem Wandgemälde. Der hier abgebildete Jaguar bläst in eine Schneckentrompete, ein Instrument, das von Kriegern und Priestern gleichermaßen verwendet wurde.

SEITE 54 UNTEN
Tezcatlipoca, hier als Krieger dargestellt, wurde mit der Himmelsrichtung Norden assoziiert. Wenn er aus dieser Richtung kam, brachte er Dunkelheit, Gefahr und Tod, deshalb der Totenkopf und die Knochen auf seinem Gewand.

SEITE 55
Dieser kleine Jadekopf konnte nicht eindeutig identifiziert werden, doch das kleine Loch in der Stirn läßt vermuten, daß er als Anhänger getragen wurde. Aztekisch.

DIE MAYA: HEROISCHE VORGÄNGER DER AZTEKEN

Gleichzeitig mit dem Aufstieg des großen Reiches von Teotihuacan im Norden kündigten parallele Entwicklungen im Süden vom aufgehenden Stern der Maya. Lange Zeit hielt man die Maya für einen Staatenbund, doch heute weiß man, daß es kaum einen politischen Zusammenhalt zwischen den einzelnen Gruppen gab. Statt dessen war das Leben der Maya geprägt von Konflikten rivalisierender Nachbarn, nicht von Kooperation. Selbst die kulturelle Einheit der Mayaarchitektur des südlichen bis mittleren Mesoamerika scheint mindestens zwei deutliche Ausprägungen zu haben: die des Tieflandes der Péten-Yucatán-Halbinsel und die des Hochlandes von Chiapas und Guatemala. Die „typischen" Mayastätten der klassischen Periode, von vor 300 n. Chr. bis etwa 900 n. Chr., sind gekennzeichnet durch hohe stuckverkleidete Tempelpyramiden, Paläste mit vielen Räumen, gepflasterte Straßen (die nicht nur Gebäude, sondern manchmal auch Städte verbanden), Ballspielplätze sowie eine echte Schrift und monumentale Stelen mit Inschriften. All das findet sich im Tiefland der Péten-Yucatán-Halbinsel. Die Hochlandmaya von Chiapas und Guatemala dagegen scheinen ihre Errungenschaften in jener Zeit nur selten schriftlich festgehalten zu haben.

Wie so viele der mesoamerikanischen Kulturen beginnt die der Maya mit relativ einfachen lokalen Gruppen, die zwar eine eigene Kultur besaßen, aber doch vieles den alten Olmeken verdankten. Manche Wissenschaftler sehen in den Maya sogar die direkten Nachfahren der Olmeken, doch die deutliche kulturelle Lücke zwischen dem Untergang der Olmeken und dem Aufstieg der Maya spricht gegen eine direkte Nachfolge. Besonders spektakulär – und durchaus mit der rapiden Entwicklung Teotihuacans vergleichbar – waren die plötzliche Blüte der Mayakunst und -architektur sowie die ersten großen Stadtstaaten, die ab etwa 200 n. Chr. entstanden. Von den einfachen mit Flußkieseln bedeckten Erdhügeln von Itzapa in der Pazifikebene von Chiapas bis zur klassischen Periode der Maya dauerte es nur 200 Jahre. Teilweise läßt sich diese Entwicklung, ebenso wie die Verbreitung des Mayaglaubens über die ganze südliche Region Mesoamerikas, zurückverfolgen bis nach Kaminaljuyú – einer heute zerstörten Stätte am Westrand von Guatemala City, an der sich einst mehrere hundert große Pyramiden befanden – und bis nach El Mirador mit seinen 70 m hohen stuckverputzten Pyramiden.

Die Maya entwickelten sich natürlich nicht losgelöst von anderen mesoamerikanischen Völkern. Kaminaljuyú zeigt einen starken Einfluß aus Teotihuacan, der sogar soweit geht, daß spätere Bauwerke nach teotihuacanischen Vorbildern und Proportionen erneuert wurden. Sicherlich war die Stadt Teil des Großreichs von Teotihuacan. Der Einfluß Teotihuacans muß aber auch in Petén spürbar gewesen sein. Darauf deuten frühe Bauten in Tikal und Uaxactán hin.

Heute sind diese unter späteren Tempelanlagen der Maya begraben. Schicht um Schicht kamen neue Bauten hinzu. Die von Teotihuacan ausgehende Macht verdeutlichen auch Reliefs wie das eines von zwei Kriegern in charakteristischer teotihuacanischer Tracht flankierten Mayakriegers, welches man in Tikal gefunden hat.

Doch dieser Einfluß, der zweifellos von einer Krieger-Händler-Klasse aus Teotihuacan herrührte, war nicht von Dauer. Bereits um 534 n. Chr. war der Ruhm Teotihuacans erloschen. Ganz Mesoamerika war in Aufruhr, und in den folgenden 60 Jahren wurden keine neuen Gebäude oder Monumente mehr errichtet. Nach diesem Zeitraum schien der Einfluß des Nordens endgültig gebrochen zu sein, denn die Mayakultur im Tiefland erwachte zur Blüte und wuchs mit unvorhergesehener Macht.

In jener Zeit entstanden Hunderte von Pyramiden, Palästen, Tempeln, Pflasterstraßen und Städten. Archäologische Funde belegen, daß die Maya der klassischen Periode gewaltige Kultzentren besaßen. Sie wurden von einer Stadtbevölkerung unterhalten, die in die Tausende ging. Im 10. Jahrhundert brach die Mayakultur dann plötzlich zusammen. Die schönen alten Stadt- und Kultzentren verwaisten und verfielen. Die Maya lebten wieder als kleine

Mit solchen kleinen Gefäßen ehrte man verstorbene Adlige, indem man das Keramikgeschirr zusammen mit anderen Wertgegenständen in einem Versteck verstaute. Die Zeichen auf dem Gefäß symbolisieren Wassergötter, u.a. einen Wasservogel sowie einen Gott mit Fischbarteln an der Lippe. Maya.

Bauern und Fischer – bis die spanischen Konquistadoren kamen.

Diese Zeit der klassischen Mayakultur, zwischen 200 und 900 n. Chr., wollen wir nun genauer betrachten, insbesondere die Ausdrucksformen der Maya des Tieflandes im Urwald von Petén-Yucatán. Viele ihrer Götter kennen wir schon: die Gefiederte Schlange, den Regengott, den Feuergott, den Jaguar und den Adler. Aber nicht nur die Götter haben ihre Wurzeln in früheren Zeiten, auch die enge Verbindung zwischen Raum und Zeit, die sich in astronomisch bedeutsamer Ausrichtung der Gebäude und den von Tempeln und Pyramiden beherrschten Zentren zeigt, stammt aus einer früheren Epoche. Allerdings war keine Mayastadt nach einem so strengen Reißbrettplan erbaut wie

Die Maya versahen ihre Bauwerke oft mit Datumsangaben, die den Zeitpunkt ihrer Fertigstellung festhielten. So wissen wir beispielsweise durch die Datumsglyphe an diesem in der Mayastadt Yaxchilan entdeckten Türsturz, daß er am 11. Februar 526 n. Chr. gebaut wurde.

Teotihuacan. Dafür finden wir hier wieder die Hierarchie einer Priesterelite sowie Kalenderaufzeichnungen und ein Schriftsystem. Kalender und Schrift brachten die Maya zu einer solchen Vervollkommnung, daß sie in der Neuen Welt ihresgleichen suchen. So besaßen die Maya das einzige Schriftsystem der Neuen Welt, mit dem eine ganze Sprache ausgedrückt werden konnte. Dazu benutzten sie sowohl ideographische wie auch phonetische Elemente. Auf diese Weise konnten die Maya Ideen ausdrücken und den Klang der Sprache wiedergeben, und oft taten sie beides sogar gleichzeitig. Wir kennen Hunderte von Stelen, Reliefs, Malereien und andere Funde aus der klassischen Periode. In den letzten 25 Jahren gelang es Wissenschaftlern, die meisten dieser Texte zu entziffern. Sie erzählen von den Taten der Herrscherdynastien und sind nach dem Mayakalender datiert (den allerdings schon die Olmeken erfunden haben).

Da man viele Führungspersönlichkeiten mit Gottheiten in Verbindung brachte, geben uns die Texte auch Einblick in die Glaubensvorstellungen jener Zeit. Außerdem wissen wir, daß die Maya Sonne und Mond sowie die Planeten Venus, Jupiter, Mars und Merkur genau beobachteten und deren Umlaufzeiten mit erstaunlicher Präzision bestimmten. So berechneten sie die synodische Umlaufzeit des Planeten Venus mit 584 Tagen – moderne Berechnungen sind lediglich eine Dezimalstelle genauer. Sie konnten auch Sonnenfinsternisse mit weniger als sieben Minuten Abweichung vorhersagen. Zwar war die Triebfeder für solche Berechnungen eher astrologischer als astronomischer Natur, doch was die Errungenschaften der Maya angeht, muß man sie wahrhaftig als naturwissenschaftliche Glanzleistungen anerkennen.

Doch trotz der Prachtbauten und der technologischen Errungenschaften der Maya wußte man bis in neuere Zeit kaum etwas von ihnen. Vor der Veröffentlichung der Forschungsergebnisse des begnadeten Hobbyarchäologen John Lloyd Stephens und des Künstlers Frederick Catherwood um 1840 bestand an der Mayaforschung kaum Interesse. Von den Hunderten von Mayazentren kannte man vor Stephens' und Catherwoods Entdeckungen nur drei genauer: Copán in Honduras, Palenque in Chiapas und Uxmal auf Yucatán. Und diese schrieb man nicht einmal den Maya zu, da man ihre Nachfahren nur als kleine, ungebildete Stammesgruppen kannte, die sich vorwiegend als Tagelöhner auf den Haziendas der Großgrundbesitzer verdingten. Erst Stephens und Catherwood stellten zwischen ihren Entdeckungen der oft nur wenige Kilometer voneinander entfernt liegenden Tempelkomplexe und den zeitgenössischen Maya einen Zusammenhang her, als sie jene als das Werk der – alten – Maya identifizierten.

Einer der Hauptgründe, warum man so wenig über die Maya wußte, lag darin, daß die tropische Vegetation vieles überwuchert hatte. Stephens erzählt, wie er einen ganzen Tag lang die obere Terrasse auf dem Gipfel einer Pyramide untersuchte, ohne zu bemerken, daß sich direkt daneben ein anderes Bauwerk anschloß – so dicht standen

Bäume und Sträucher. Immer wieder berichtet er, wie er Einheimische anheuerte, damit sie ihm mit Macheten einen Weg durch den Dschungel bahnten, und jedesmal darüber baß erstaunt gewesen sei, daß diese selbst kaum etwas von den Zeugen ihrer eigenen Vergangenheit wußten, es sei denn, sie lagen direkt neben ihren Milpa, ihren gerodeten Maisfeldern.

Aber selbst die bekannten Mayastätten waren kaum untersucht. Als Stephens und Catherwood nach einem mühevollen Marsch durch dichtes Buschwerk, welches ihre Führer erst Stück für Stück hatten entfernen müssen, in Copán ankamen, fanden sie den Ort von Dschungelvegetation überwuchert. Dabei lag hier die versunkene Kultur der Maya, verborgen im dichten Urwald von Honduras und für die Menschen des 19. Jahrhunderts scheinbar ohne Bezug zu den Indianern ihrer Zeit.

Nachdem er mehrere überwucherte Pyramiden von Copán erklommen hatte, schrieb Stephens in sein Tagebuch: „Am Rande des Gemäuers ließen wir uns nieder und bemühten uns vergeblich, in das Geheimnis, das uns umgab, einzudringen. Die Trümmerstadt lag vor uns gleich einer inmitten des Meeres zerschellten Barke. Ihre Masten sind verloren, ihr Name verschwunden, und keiner weiß zu sagen, woher sie kam, wem sie gehörte, wie lange sie auf ihrer Reise war, was der Anlaß ihres Untergangs war. Wer ihre verschwundene Mannschaft war, läßt sich ... vielleicht nie mit

Der Anhänger eines Mayaherrschers aus der Stadt Copán. Eingraviert ist der charakteristische Chac-xib-chac-Kopfschmuck, der den gottgegebenen Status der Herrscher anzeigte.

Gewißheit erkunden. War der Ort, wo wir saßen, eine Zitadelle, von deren Höhe ein unbekanntes Volk die Kriegstrompete erschallen ließ? War es ein Tempel zur Anbetung des Gottes des Friedens? Beteten die Bewohner zu den von ihnen selbst geschaffenen Götzenbildern und brachten sie auf den vor ihnen stehenden Steinen Opfer dar? Alles war in geheimnisvolle Nacht gehüllt ...

Die Fülle des Reichtums der Mayakultur blieb noch bis Mitte des 20. Jahrhunderts verborgen. Doch seither wächst unser Verständnis dieser Kulturen ständig. So wissen wir heute beispielsweise, daß die verschiedenen Mayastaaten sich fast ständig im Krieg miteinander befanden, dessen vornehmliches Ziel war, adlige Gefangene zu machen, die man opfern konnte. Viele Stelen nennen sogar die Namen der gefangengenommenen Herrscher und geben an, an welchem Tag die rituelle Hinrichtung stattgefunden hat. Es sei an dieser Stelle daran erinnert, daß die Priesterkönige als Verkörperung von Gottheiten galten. Folglich bedeutete die Vernichtung des Herrschers eines Nachbarvolkes für die Maya daher mehr als der Sieg in einem weltlichen Krieg, es war ein Erfolg in einer kosmischen Schlacht. Aus diesem Grund ist es hier unmöglich, Mythos und Fakten voneinander zu trennen, zumal es unwahrscheinlich ist, daß die alten Maya solch eine Unterscheidung trafen: Für sie war jede Tat eine Darstellung dessen, an das sie glaubten, und die Welt der Götter und der Menschen so gesehen eine untrennbare Einheit.

Dieses Weltbild führen uns vor allem die großartigen Wandmalereien vor Augen, die man 1946 im Mayazentrum Bonampak an einem Nebenarm des Usumacinta-Flußsystems entdeckt hat. Mit Hilfe des Mayakalenders kann man die Gemälde auf die Zeit kurz nach 800 n. Chr. datieren. Eigentlich erzählen diese Bildfolgen eine einfache Geschichte: die von einer Schlacht und einem Sieg. Betrachtet man sich die Gemälde aber genauer,

GEGENÜBERLIEGENDE SEITE
An vielen Mayabauwerken finden sich kunstvoll in den Stein gehauene Abbilder jenes Herrschers, dem das Gebäude geweiht war. Hier handelt es sich um das sogenannte Nonnenhaus von Uxmal, dessen eine Fassade den Regengott Chac darstellt.

UNTEN
Von monumentaler Größe ist die Wahrsagerpyramide von Uxmal. Maya.

LINKS
Die Gottheiten der mesoamerikanischen Indianer traten oft in unterschiedlichen Rollen und Gestalten auf. So besaß auch Quetzalcoatl eine Doppelidentität, und zwar in Form von Ehecatl, der gleichzeitig die Gefiederte Schlange und den Windgott umfaßte. Dieses ihm gewidmete sogenannte Windjuwel symbolisiert in seiner Spiralform die Bewegung der Winde. Windjuwelen wurden von den Priestern getragen. Aztekisch.

GEGENÜBERLIEGENDE SEITE
Dieses Gebäude in Chichén Itzá benutzten die Maya für astronomische Beobachtungen. Durch genau berechnete Öffnungen konnten sie die Bewegungen von Planeten verfolgen. Die Treppe im Innern des Rundbaus ist als Wendeltreppe ausgeführt und symbolisiert so die Spiralbewegung der Natur.

dann werden wir Zeuge eines zwar aufschlußreichen, aber zugleich grausigen Szenarios.

Zunächst erkennen wir herrlich gekleidete Krieger aus Bonampak, die durch dichten Dschungel dem Feind entgegenziehen. Begleitet werden sie von Musikern mit Trompeten aus Holz und Rinde. Doch dann fällt der Blick plötzlich auf einige Gefangene, die, ihrer königlichen Gewänder beraubt (möglicherweise, um sie von einer Identifikation mit ihren eigenen Göttern auszuschließen), grausam gefoltert werden, indem man ihnen die Fingernägel herausreißt. An einer anderen Stelle liegt auf den Stufen einer Pyramide von Bonampak der leblose Körper eines adligen Gefangenen, daneben sein abgeschlagener Kopf. Und über allem thront ein majestätisch dreinblickender Jaguarkrieger, umgeben von ganz in Weiß gekleideten Frauen, die sich dornenbesetzte Schnüre durch ihre Zungen ziehen und auf diese Weise ein rituelles Blutopfer erbringen.

Andere Einblicke in diese für uns heute so fremde Welt liefert Palenque, eine Stätte der Tieflandmaya. Palenque liegt auf bewaldeten Hügeln, die den Blick über die Küstenebene bis hin zum Golf von Mexiko eröffnen. Hier entdeckte man Inschriften, die die Chronik einer Königsfamilie vom 4. Jahrhundert n. Chr. bis zum Niedergang der Hauptstadt im späten neunten Jahrhundert erzählen. Unsere Kenntnisse darüber verdanken wir vor allem der Arbeit von Alberto Ruz. Er leitete in den 50er Jahren vier Forschungsexpeditionen nach Palenque. 1952 machte er eine ganz besondere Entdeckung, als er im Fußboden eines Tempels auf den verborgenen Zugang zu einer Krypta stieß. Nachdem mit großer Mühe die steinerne Platte und der ganze

RECHTS
Die Maya hielten ihre astronomischen Beobachtungen in Bilderserien aus Leder oder Pergament fest, die sie in den heiligen Kammern der Tempel aufbewahrten. Leider sind viele dieser Aufzeichnungen verschwunden oder zerstört worden. Das hier unter dem Namen Codex Dresdensis abgebildete Beispiel ist eines der wenigen noch erhaltenen Exemplare eines solchen Leporellos. Es enthält ausführliche und sehr genaue Daten bezüglich des Venusumlaufs.

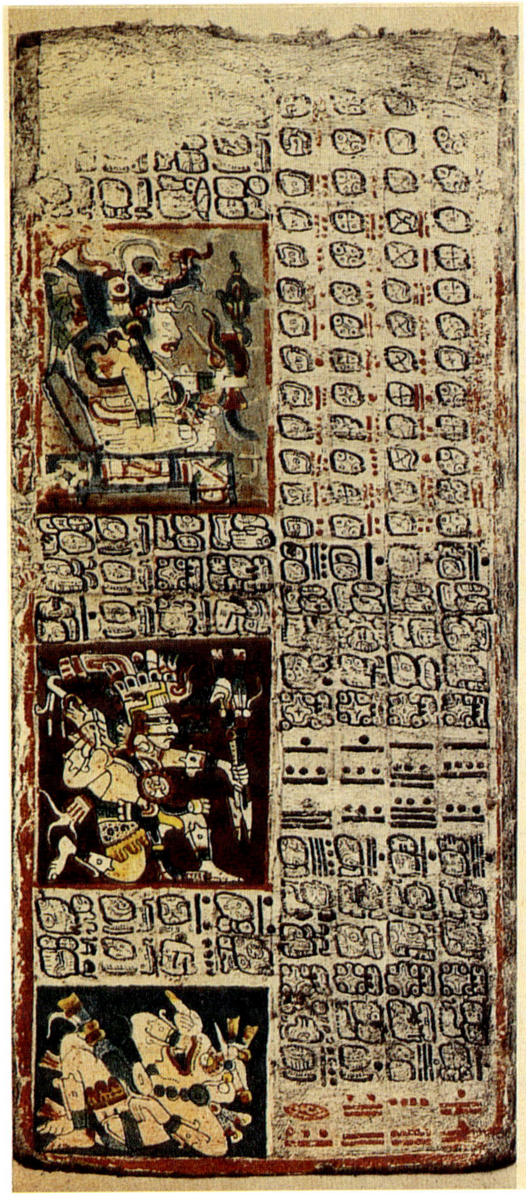

anschließende Schutt entfernt worden war, kam ein Tunnel mit einer steil nach unten führenden Treppe zum Vorschein, die zur Grabkammer des Mayapriesterkönigs Pacal führte, der der Überlieferung nach Palenque bis zu seinem Tod im Jahre 683 n. Chr. 68 Jahre lang regiert haben soll. Im Gegensatz zu anderen Mayagräbern war dieser Raum nicht geplündert worden, so daß die sterblichen Überreste Pacals noch unversehrt in dem Sarkophag lagen, der sich in der Mitte der Krypta befand. Das Gesicht des Leichnams war hinter einer Maske verborgen, während der übrige Körper von Halsketten, Ohrringen und Ringen aus Jade mit Perlmuttornamenten über und über bedeckt war. Die Wände der Krypta schmückten reiche Stuckreliefs, und in der Kammer fanden sich Keramikgefäße, Porträtköpfe aus Stuck sowie die Skelette von fünf Menschenopfern.

Die größten Erkenntnisse aber brachte der steinerne Sargdeckel. Er mißt 2 m x 3,6 m und war mit Reliefs verziert, die den Kosmos aus der Sicht der Maya und Pacals Reise durch diesen Kosmos darstellen. Außerdem ist ein Baum zu sehen, bedeckt von Juwelen, Spiegeln und Blutopferschalen, in dessen Krone ein Vogel sitzt. Aber auch Pacal selbst ist abgebildet, wie er rückwärts durch die aufgerissenen Rachen zweier Schlangenskelette in die Unterwelt, Xibalba, stürzt. Hier wird die Verbindung zwischen den Mächten des Himmels, der Erde und der Unterwelt sowie die Durchdringung dieser drei Ebenen des Kosmos seitens der heiligen Wesen wieder deutlich. In diesem Zusammenhang sollte wohl auch die Treppe, die zur Grabkammer führt, Pacal die Möglichkeit der Kommunikation zwischen Unter- und Oberwelt ermöglichen, während andererseits die Seitenwände des Sarkophags die „Auferstehung" von Pacals Ahnen aus den Zweigen anderer kosmischer Bäume darstellen. Das Grab war somit nicht nur Pacals letzte Ruhestätte, sondern auch ein Zentrum neuen Lebens für Pacal und seine Ahnen.

Ein zentraler Aspekt dieser Wiedergeburtsvorstellung ist der Weltenbaum, der auf Pacals Grabmal ins Auge fällt und sich auch in anderen Kultgebäuden in Palenque findet. Dazu müssen wir uns in Erinnerung rufen, daß die Maya in einem tropischen Regenwaldgebiet lebten, in dem die Vegetation eine übermächtige Rolle spielte. Wir können nur erahnen, wieviel Zeit und Mühe es gekostet haben muß, den Wald zu roden und die Kultzentren und Straßen zu bauen und von Bewuchs freizuhalten. Die Bauwerke mit ihrem weißen Kalkputz, ihren Reliefs und den farbenprächtigen Gemälden, welche die Mythen und Geschichte der Maya erzählen, sollten deshalb stets vor dem dichten Grün der Tropen betrachtet werden.

So wie der Wald einem ständigen Prozeß von Wachstum und Erneuerung unterliegt, so war für die Maya auch der gesamte Kosmos einem ständigen Wandel unterzogen, symbolisiert durch den Weltenbaum. Der Weltenbaum findet sich auch im Tempel des Kreuzes und im Tempel des Blattkreuzes. In letzterem schwebt über seinen Zweigen ein Quetzal.

Vegetation und Wachstum spielten aber auch deshalb eine so große Rolle, weil die Maya ein Bauernvolk waren, das vom Ertrag ihrer Milpa (Maisfelder) lebte. An dieser Stelle sei an die eingangs erwähnte Schöpfungsgeschichte erinnert, derzufolge der Mensch von den Göttern aus Mais gebildet wurde. So wie die Samen des Maises in heiliger Weise keimten und reiften, so keimten und reiften die Samen der Menschen in der Gunst der Götter und Göttinnen der Vegetation, des Wachs-

GEGENÜBERLIEGENDE SEITE
Wenngleich die meisten schriftlichen Aufzeichnungen der Maya von Priestern gemacht wurden, gab es doch auch eine gebildete Oberschicht, die des Lesens und Schreibens mächtig war. Das beweist diese Skulptur einer schreibenden Frau, deren feine Kleidung (Schmuck und Kopfschmuck) ihren hohen gesellschaftlichen Rang belegt.

RECHTS
Frederick Catherwood hat viele seiner Entdeckungen in solchen Skizzen festgehalten. So auch dieses halbwegs intakte Mayabauwerk.

UNTEN
Auf einem Türsturz in der Mayastadt Yaxchilan findet sich diese bemerkenswerte Momentaufnahme von Schildjaguar und seiner Frau, wie sie ihrem Ehemann Waffen und Kriegertracht für eine bevorstehende Schlacht überreicht. Laut den Datumsglyphen geschah dies am 12. Februar 724 n. Chr.

tums und der Fruchtbarkeit. Diese Vorstellung läßt sich noch weiterführen, wenn man die Darstellung des heiligen Baumes im Tempel des Blattkreuzes betrachtet. Der Baum entspringt aus der Unterwelt, dem Aufenthaltsort der Ahnen, und setzt sich aus den vier heiligen Bäumen der Weltrichtungen zusammen. Er wandelt sich zu einer Maispflanze, die statt Maiskolben die Häupter junger Männer trägt, deren Schönheit mit der des reifen Maises vergleichbar war.

Wenn wir diese Gesichtspunkte berücksichtigen, werden die Symbole auf Pacals Grab verständlicher. Als Priesterkönig ist er die Verkörperung des heiligen Baumes, der Weltachse der Mayawelt, der mit seinen Nachfahren, die alle reifen und wachsen wie der Mais, zurückkehrt. In ähnlicher Weise glaubte man, daß die Sonne jeden Abend in die Unterwelt hinabsteigt, um am nächsten Morgen wiedergeboren zu werden. Auch dieses Symbol findet sich, ebenso wie in anderen Gebäuden in Palenque, in Pacals Grabkammer, wo es einen Teil seines Thrones bildet. Den Mythen der Maya zufolge waren die Bäume zuerst auf der Welt, aber dann entbrannte zwischen den Mächten der Unterwelt und den Heiligen Zwillingen ein Streit, in dessen Verlauf die Zwillinge unterlagen und enthauptet wurden. Ihre abgeschlagenen Köpfe wurden auf einen Baum gesetzt, der daraufhin Mais erzeugte. Daraus müssen wir schließen, daß ein Priesterkönig wie Pacal nicht nur ein König in unserem Wortverständnis war, sondern ein Symbol der kosmischen Ordnung. Durch ihn wurde die heilige Welt der Götter ins irdische Dasein gerufen.

Pacals Abstieg in die Unterwelt durch die Rachen der Skelettschlangen stellt auch eine Beziehung zur Gefiederten Schlange der Olmeken her, die durch den Rachen des Jaguargottes aus der Unterwelt aufsteigt. Wie die Gefiederte Schlange von den Jaguarwächtern der Unterwelt geboren wird, so kehrt der Priesterkönig durch die Schlange in die Unterwelt zurück. Jaguare und Adler waren Kriegerkasten und somit Beschützer ihres eigenen Priesterkönigs, aber gleichzeitig eine Bedrohung für die Herrscher anderer Gemeinwesen. In ihrer Verantwortung lag es, die Könige feindlicher Zentren zu vernichten und sie als Opfer für das eigene Gemeinwesen gefangenzunehmen. Hier erscheint Quetzalcoatl, die Gefiederte Schlange, wieder als Schutzgottheit der mesoamerikanischen Priesterkönige in Verbindung mit dem Jaguar. Dies wird untermauert durch einen hölzernen Türsturz, dessen Schnitzereien die Inthronisation des Königs Ah Cacau von Tikal darstellen. Darin wird Ah Cacau von einem, sich hinter dem Thron erhebenden Jaguar beschützt.

Die Mayaherrscher wurden auch als Mah Kiina sowie als Ahau angesehen, womit man bedeutsame Daten im Mayakalender kennzeichnete. Schon aus der Namensgebung der Herrscher wird ersichtlich,

LINKS
Datumsglyphen zieren auch den oberen und unteren Rand dieser Vase. Die aufgemalten Figuren tragen aufwendig gearbeitete Masken und präsentieren sich in kompletter Kriegsausrüstung.

SEITE 70
Dieser kunstvoll modellierte, realistische Stuckkopf aus Palenque ist vermutlich das Porträt Pacals, der seine Herrschaft aufgrund seiner direkten Abstammung von der Erdmutter ableitete.

SEITE 71
Dieses aufwendig verzierte Gebäude in der Tolteken-Maya-Stätte Chichén Itzá wird allgemein La Iglesia („Die Kirche“) genannt, wenngleich die genaue Funktion des Bauwerks unbekannt ist. Auffallend sind die in der Mitte und an den Außenseiten des Reliefs vorspringenden Steinelemente. Sie weisen auf eine Verbindung zum Regengott hin.

RECHTS
Eine weitere Lithographie von Frederick Catherwood. Der untere Teil dieses Gebäudes zeigt ein rein geometrisches Fassadenmuster. Die oberen Bereiche hingegen, einschließlich des Türsturzes, sind eingefallen und weitestgehend zerstört.

UNTEN
Wenngleich Gegenstände wie diese heute oft als Altäre oder Throne beschrieben werden, weiß man nicht, ob sie wirklich auch als solche benutzt wurden. So wird uns die wahre Funktion dieser Jaguardarstellung, die man in einer der Pyramiden von Chichén Itzá entdeckt hat und deren Originalbemalung noch nahezu vollständig erhalten ist, wohl für immer ein Geheimnis bleiben.

daß es einen direkten Zusammenhang zwischen der Sonne, dem Kultkalender und dem Status eines bedeutenden Herrschers gegeben haben muß, bei dem auch Quetzalcoatl eine besondere Rolle spielte. Das beweist eine ganze Anzahl von Stelen, auf denen berühmte Herrscher, wie Rauchjaguar, Yax Pac (Erste Dämmerung), Kakukpacal (Feuer in seinem Schild), Schildjaguar und Zweibeiniger Jaguar dargestellt sind. Obwohl diese Gottheiten mit unterschiedlichen Statussymbolen ausgestattet sind, tragen sie alle den prächtigen Kopfschmuck aus Quetzalfedern.

Die Macht solcher Herrscher erlaubte nicht, in Frage gestellt zu werden, denn als Repräsentanten der Götter verfügten sie über Kräfte, die zu besitzen, ein normaler Mensch nicht einmal zu denken wagen durfte. Solche Kräfte kamen von den Ahnen, und ohne vererbte Vorrechte konnte keiner je eine solche Position erlangen.

So ging die Herrschaft bei den Maya innerhalb eines Königsgeschlechts beim Tod eines Herrschers vom Vater auf den Sohn (in seltenen Fällen auf eine Tochter) über. Doch die Macht brachte auch ein hohes Maß an Verantwortung mit sich, denn die Priesterherrscher galten als direkt verantwortlich für das Wohlergehen des Gemeinwesens. Wenn sie es versäumten, vorgeschriebene Zeremonien in der richtigen Weise durchzuführen, konnte das Unheil bringen. Daher war die Regierungszeit eines jeden Priesterkönigs immer mit Spannungen und Unsicherheit verbunden. Pacal, der vom 12. bis zum 81. Lebensjahr erfolgreich die Geschicke seiner Stadt geführt haben soll, ist so gesehen, eher eine Ausnahme. Viele Stelen deuten nämlich an, daß die Amtszeit eines Priesterkönigs oft kurz war und manch ein Herrscher als Menschenopfer einer Nachbarstadt endete. Eine vollständige Chronik von 39 aufeinanderfolgenden Königen in Tikal zeigt, daß die durchschnittliche Regierungszeit nur 12 Jahre betrug.

Eine Stadt ohne Herrscher befand sich in einem Zustand des „Scheintodes“, denn durch den Verlust eines Herrschers (durch Tod oder Gefangennahme) wurde nicht nur die für das alltägliche Leben der Maya unverzichtbare Verbindung zwischen dem Diesseits und dem Übernatürlichen unterbrochen, sondern auch gleichzeitig der göttliche Segen und die damit verbundene übernatürliche Triebkraft für alle Handlungen, politischer, wirtschaftlicher, militärischer oder kultischer Art, entzogen. Selbst eine so mächtige Stadt wie Tikal, das größte bekannte Mayazentrum mit einem 16 Quadratkilometer großen Herz aus Monumentalbauwerken, verfiel in eine über ein Jahrhundert dauernde Depression, als die kleinere Stadt Caracol Tikals Herrscher Doppelvogel gefangennahm und opferte. Nach Doppelvogels Sturz gelangte ein Großteil von Tikals Reichtum als Tribut nach Caracol, und in dem Maße, als Tikal an Bedeutung verlor, gewann Caracol an Macht und Einfluß.

Den Maya bedeutete die Inthronisation eines Priesterkönigs somit mehr als eine einfache Amtseinführung eines Thronfolgers; sie wurde beherrscht von der Kosmologie und fand daher an

Auf dieser Gedenkstele aus Piedras Negras ist die Regentschaft eines Mayafürsten namens Zweiwind festgehalten. Der hier abgebildete Ausschnitt zeigt die aggressive Seite des Herrschers, denn der Künstler hat ihn in seiner Jaguarmaske als Krieger dargestellt.

Ein reich geschmücktes Würdenträgerpaar von der Insel Jaina. Beachtenswert ist vor allem die große, kreisrunde Scheibe, die beide Figuren als Attribut bei sich tragen. Diese „Spiegel“ waren Zeichen der Autorität.

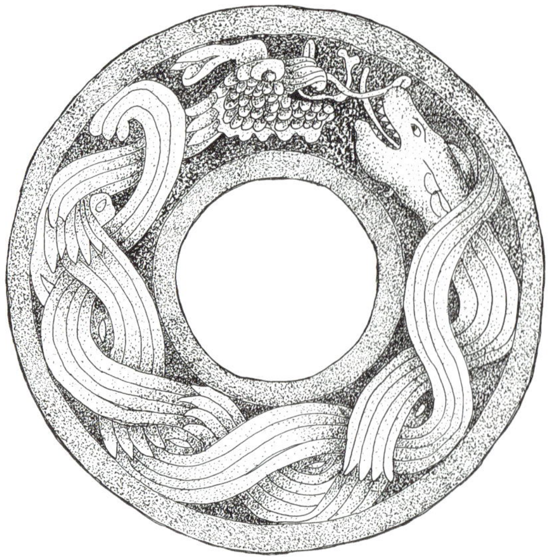

OBEN
Das Abbild eines Würdenträgers der Maya, hier in Erscheinung eines festlich gekleideten Ballspielers.

OBEN RECHTS
Dieses Symbol stand ebenfalls im Zusammenhang mit dem Ballspiel. Die verschlungenen Schlangen deuten auf den Kampf mit den Göttern der Unterwelt als Ursprung des Spiels hin.

besonderen Tagen statt, die der Kalender als günstig für die Zukunft auswies. In bezug auf Pacal bedeutet dies, daß Pacals Geburtsdatum so gelegt wurde, daß es mit dem der Ersten Mutter, der Mutter der Götter, zusammenfallen sollte. Mit anderen Worten: Pacals angebliches Geburtsdatum diente eher dazu, sein göttliches Herrschaftsrecht zu bestätigen als der Angabe seines tatsächlichen Geburtszeitpunktes, denn das Skelett im Grab war nicht das eines 81jährigen Greises, sondern das eines Mannes um die 40, was wiederum ein Beleg dafür ist, daß auch bei den Maya Dichtung und Wahrheit oft weit auseinander liegen.

Darüber hinaus gibt es auch Hinweise, daß die Architektur der Maya entsprechend kosmologischer Glaubensvorstellungen und zu astronomischen Zwecken geplant wurde. Auf einem der Tempelhöfe von Palenque stehen z.B. drei Tempel, die auf einer rechteckigen erhöhten Plattform errichtet worden sind.

Dabei handelt es sich um den Sonnentempel im Westen, den Tempel des Blattkreuzes im Osten sowie um den noch mehr erhöhten und daher alle anderen überragenden Tempel des Kreuzes auf der Nordseite. Abgesehen davon, daß die rechteckige Anordnung der Tempel die vier heiligen Richtungen andeuten soll, symbolisiert die Tatsache, daß nur auf drei Seiten des Rechtecks Gebäude stehen, die Dreifaltigkeit der Ober-, Mittel- und Unterwelt. Ferner liegt das nördliche Gebäude etwas erhöht, was wiederum die besondere Bedeutung des Nordens in der Kosmologie der Maya versinnbildlicht. In diesem Gebäude befinden sich daher auch die Gemälde des Weltenbaums bzw. der Weltachse. Den Sonnentempel hingegen zieren Bilder des Jaguarpatrons der Unterwelt, weshalb er auch im Westen liegt, also dort, wo die Sonne untergeht und wo die Maya den Tod und das Blut der Kultopfer assoziierten. Der Osten, der Ort der aufgehenden Sonne, des Maises und des Wachstums, ist als Lebensspender die richtige Himmelsrichtung für den Tempel des Blattkreuzes, den Tempel des Wachstums und der Vegetation. Bleibt schließlich noch die vierte Seite. Sie ist offen und leer, weil sie in Richtung Mitternacht weist und damit den Ort symbolisiert, an dem man die Sonne tot in der Unterwelt, in Xibalba, vermutete.

Steinreliefs an den Mauern der Ballspielplätze, wie das vom Ballspielplatz von El Tajin, legen Zeugnis ab vom Spielverlauf und dem damit verbundenen Opferkult.

So finden Mythen und Kosmologie der Maya ihren Ausdruck in der Person des Priesterkönigs, im Kalender und in der Architektur. In diesem Sinne war das Leben der Maya vor allem von einer vorhersagbaren Ordnung bestimmt, die sich sowohl auf das Natürliche wie auch das Übernatürliche bezog. Doch damit es eine Ordnung geben konnte, brauchte man eine Grundlage, auf der man alles aufbauen konnte, und diese war bei den Maya die Zeit.

Die Ordnung des Lebens beruhte auf dem Lauf der „Himmelswanderer", also Sonne, Mond, Planeten und Sterne. Die Bewegungen der Himmelskörper wurden von den Priesterastronomen genau beobachtet und sorgfältig aufgezeichnet. Sonne, Mond und Sterne waren aber mehr als Gestirne, sie waren Gottheiten. Die Zeit war daher eine Gabe der Götter, und man mußte ihnen opfern und ihnen zu Ehren Riten vollziehen, damit sie ihr Geschenk nicht zurücknahmen.

Wichtige Gottheiten in diesem Zusammenhang sind die Heiligen Zwillinge Hunapa und Ixbalanqué. Sie geben uns auch die Erklärung für einen außergewöhnlichen Aspekt des Mayalebens, das Ballspiel. Hunapa steht für die Sonne (Symbol des Lebens und der Himmelsmacht), während Ixbalanqué den Jaguar (Gottheit der Unterwelt und des Todes) verkörpert. Darin sehen wir wieder deutlich die Dualität der Gedankenwelt der Maya sowie die Verbindung zwischen den Mächten des Lebens und des Todes. Nun erzählt der Mythos, daß der Vater dieser beiden Götter und dessen Zwillingsbruder ebenfalls meisterhafte Ballspieler waren, weshalb die Herrscher der Unterwelt (Xibalba) sie zu sich einluden, um mit ihnen einen Wettkampf zu bestreiten. Doch die Zwillinge verloren das Spiel und wurden daraufhin von den Gottheiten der verschiedenen Todesarten geopfert, indem der eine unter dem Ballspielplatz von Xibalba begraben und der andere enthauptet wurde. Anschließend wurde der abgetrennte Kopf

Hier die Pyramide von Chichén Itzá, die dem Kukulcan, einer der Erscheinungen des Quetzalcoatl, geweiht war. Der Tempel galt als Zentrum der Kulthandlungen zu Ehren der Gefiederten Schlange.

Auf einer Reihe von Stelen der vortoltekischen Stätte Santa Lucia Cozumahualpa sind astronomische Ereignisse mit Datum festgehalten. Hier sieht man einen als Ballspieler gekleideten Priester, der einer planetarischen Gottheit huldigt.

des enthaupteten Zwillings in einem Baum aufgehängt, von wo aus dieser in die Hand der Jungfrau Ixquic (Frauenblut) spuckte und sie dadurch schwängerte. Nun mußte auch Ixquic den Tod fürchten, und so flüchtete sie sich von der Unterwelt auf die Erde. Dort gebar sie dann die Heiligen Zwillinge.

Wie zuvor ihr Vater und dessen Bruder entwickelten sich auch diese Zwillinge zu Meistern des Ballspiels, aber im Gegensatz zu jenen, gelang es ihnen, die Herrscher des Todes zu besiegen. Dabei bedienten sie sich einer List. Zunächst kehrten sie nach Xibalba zurück, wo sie sich gegenseitig ihre Brust öffneten, jeweils des anderen Herz herausnahmen und sich anschließend wieder gegenseitig zum Leben erweckten. Die Götter der Unterwelt waren von dieser Vorstellung derart fasziniert, daß sie die Zwillinge aufforderten, dasselbe auch an ihnen zu vollziehen. Die Zwillinge taten, wie ihnen befohlen, nur mit dem Unterschied, daß sie die beiden ersten Herrscher, Eintod und Siebentod, nicht wieder zum Leben zurückbrachten. Daraufhin gelobten die übrigen Herrscher des Todes, fortan kein Unheil mehr anzurichten. Die Heiligen Zwillinge hingegen wurden nach diesem Sieg über Xibalba zum Himmel erhoben: Der eine wurde zur Sonne, der andere zum Mond.

Diese Geschichte läßt einige Züge des Mayadenkens deutlich werden. So können außergewöhnliche Menschen in die Unterwelt reisen und zurückkehren, was wiederum ein Sinnbild für die Wiedergeburt nach dem Tod ist. Doch ist diese Wiedergeburt nur durch das Opfer möglich (wir erinnern uns, auch die Zwillinge mußten mindestens einen Opfertod sterben). Das Spielfeld, in allen mesoamerikanischen Kulturen allgegenwärtig, nimmt dabei einen besonderen Platz ein; es wird zur Schwelle zwischen der Welt der Menschen und Xibalba. Jedes Ballspiel ist also eine Neuaufführung des Kampfes zwischen den Heiligen Zwillingen und den Herrschern der Unterwelt. In anderer Deutung symbolisiert das Ballspiel die Ordnung der Zeit durch die Bewegungen von Sonne und Mond.

Das Ballspiel selbst wurde mit einem harten Gummiball gespielt. Die gegnerischen Mannschaften mußten deshalb eine Schutzkleidung in Form eines breiten Gürtels aus Holz und Leder tragen. Ferner waren sie mit Knieschützern, einem Hüftpolster, Handschuhen und manchmal sogar mit einem Helm ausgerüstet. Das Spiel war hart und schnell, die Regeln einfach. Es galt, einen Ball durch einen von zwei Steinringen zu befördern, die hoch oben an den Mauern entlang der Längsseiten des Spielfeldes angebracht waren. Dazu durfte man Hüfte, Ellbogen oder Knie benutzen. So war das Ballspiel nicht nur eine Demonstration athletischen Könnens, sondern auch ein ernstes Ritual, bei dem die Mannschaftsmitglieder den Adelsgeschlechtern rivalisierender Städte entstammten. Aufgrund der religiösen Bedeutung dieses Spiels wurde das Spielfeld zum kosmischen Diagramm, bei dem die Tod- und Opfersymbolik so bestimmend war, daß nach dem Spiel der Kapitän der unterlegenen Mannschaft geopfert wurde. Manche Forscher glauben allerdings, daß es sich bei dem Opfer um den Kapitän der Gewinner handelte, der freiwillig den Opfertod auf sich nahm, um sich damit einen Platz in der ersten Ebene der Unterwelt, dem Paradies, zu sichern.

Damit wir die Menschen- und Blutopfer der Maya besser verstehen können, müssen wir uns an den Schöpfungsmythos erinnern, nach dem die Menschen dazu erschaffen wurden, die Götter beim Namen zu nennen und zu preisen. Zwischen den Göttern und den Menschen bestand also eine wechselseitige Beziehung, die so aussah, daß die Götter die Menschen ernährten, aber umgekehrt von diesen erwarteten, selbst in regelmäßigen Abständen mit Nahrung versorgt zu werden, und zwar u.a. in Form von Blutopfern. Durch das gegenseitige Abhängigkeitsverhältnis war die Anwesenheit der Götter bei wichtigen Ereignissen wie der Thronbesteigung eines neuen Herrschers, der Einweihung eines neuen Tempels oder an besonders günstigen Tagen des Kultkalenders unabdingbar. Mit anderen Worten: Zu diesen Anlässen mußte ein Menschenopfer dargebracht werden. Vergoß andererseits ein Priesterkönig sein eigenes Blut, so gab nach dem Verständnis der Maya die Gottheit selber ihr Blut, und somit beruhte auch das Blutopfer auf Gegenseitigkeit.

Das Gegenopfer der Götter zeigt sich auch darin, daß nach den Vorstellungen der Maya die Himmelskörper täglich in die Unterwelt hinabsteigen, um am nächsten Tag wiedergeboren zu werden. Und genauso wie die Gestirne unterstand auch der Mais dem periodischen Wechsel von Werden und Vergehen. Weil einfach alles von diesem dualen Charakter geprägt war, mußten Blutopfer erbracht werden, um die Götter friedlich zu stimmen, denn die Sonne konnte Leben spenden, aber gleichzeitig alles versengen; Chac, der Regengott, konnte den lebensnotwendigen Regen senden oder ihn verweigern.

Abgesehen von dieser Dualität hatte jede Gottheit vier Aspekte, die man mit den vier Himmelsrichtungen assoziierte. Zwei Richtungen verband man mit Leben – die aufgehende Sonne und die Vegetation – und zwei mit dem Tod – die untergehende und die tote Sonne. Für die Maya waren die Welten der Toten und der Lebenden also unlösbar verbunden. Das Leben verlangte den Tod, damit Wiedergeburt und Verjüngung möglich wurden. Ohne diese Ordnung würde die Mayawelt auseinanderbrechen und alles im Chaos versinken.

Nichtsdestotrotz brachten die Maya nicht unablässig Menschenopfer dar. Die Enthauptung von Kriegsgefangenen, das Herzopfer oder das Ertränken in den heiligen Quellen geschah nur in Zeiten der Not oder bei besonderen Anlässen. Männer, Frauen und Kinder stellten dabei in etwa gleicher Zahl die Opfer. Viel häufiger waren dagegen persönliche Opfer, denn sie standen im Zusammenhang mit persönlichem Unglück oder Veränderungen im Leben einer Person. Hier wie dort gehörte Blut zu jedem Übergangsritus, wie Geburt, Heirat oder Tod, das dazu diente, die Götter für den neuen Lebensabschnitt gewogen zu stimmen. So opferte man am häufigsten Tiere, aber auch Schmuck (vor allem aus Jade), Speisen und Blumen. Der überwiegende Teil der Bevölkerung fungierte bei den Menschenopfern nur als Zuschauer, was wiederum auf die besondere Verantwortung der Führer hinweist, in deren Obliegenheiten auch die blutigen Riten fielen.

LETZTE PHASE: DIE AZTEKENHERRSCHAFT

UNTEN
Aufgrund ihrer engen Verbindung zur Erde und zur Unterwelt assoziierte man die Klapperschlange mit den gütigen, schöpferischen Erdgottheiten.

Die letzte Phase der Geschichte Mesoamerikas begann 1325 n. Chr. mit der Gründung der Stadt Tenochtitlan und der Machtübernahme der Azteken im Hochtal von Mexiko. Um diese Zeit lag das einst so mächtige Teotihuacan schon fast 600 Jahre in Trümmern. Etwa 400 Jahre zuvor war der Stern der Maya gesunken, ihre Städte waren verlassen und zerstört, und die einst so mächtige Toltekenhauptstadt Tula (Tollan) war schon 100 Jahre zuvor dem Erdboden gleichgemacht worden. Aufstieg, Blütezeit und Untergang war also all diesen Kulturen gemeinsam, und stets ging der Untergang einher mit bürgerkriegsähnlichen Zuständen, in dessen Folge sich die Bevölkerung im Hochtal von Mexiko, wenngleich noch immer recht zahlreich, auf viele kleine Stadtstaaten verteilte, die sich ständig im Krieg gegeneinander befanden und dazu meist nur kurzlebige politische Allianzen miteinander eingingen. Das Chaos des Zerfalls, das dem Fall Teotihuacans gefolgt war, wiederholte sich mit dem Zusammenbruch des Toltekenreiches.

Alles, was von dem schwindenden Toltekenreich übrigblieb, waren einige Familien der königlichen Linie, die noch genug Autorität besaßen, um die im Vergleich zu den früheren Großstädten eher mickerigen Ansiedlungen im Hochtal von Mexiko zu regieren. Die bedeutendsten Siedlungen jener Zeit waren die der Tepaneken im Nordwesten, Texcoco im Osten und Colhuacan im Süden. Jede Stadt hatte ihre eigene Schutzgottheit, und hinter allem stand die Erinnerung an den wilden Tezcatlipoca, den Rauchenden Spiegel, der die Gefiederte Schlange Quetzalcoatl von ihrem Thron als führende (und einende) Gottheit gestürzt hatte.

Um die Jahrhundertwende vom 12. zum 13. Jahrhundert drangen nomadische Jäger und Krieger in dieses Gebiet ein, und da die Tolteken von der Sprache des von ihnen verachteten Volkes, welches sie als Barbaren betrachteten, nicht mehr als ein unverständliches „Chi-chi-chi“ verstanden, nannten sie sie einfach Chichimeken.

Die Chichimeken dienten viele Jahre als Söldner im Heer von Colhuacan, dessen Herrscher sich in direkter Linie zu dem alten Toltekenadel Tulas sahen und so noch immer mit der göttlichen Inspiration des Quetzalcoatl regierten. Bei den militärischen Unternehmungen ihrer Dienstherren lernten die Aztekenahnen die Gegend und die militärischen Taktiken all ihrer Nachbarn kennen. Aufgrund ihrer kriegerischen Erfahrung und ihres großen Mutes gewannen sie beim toltekischen Adel bald an Ansehen und Einfluß.

Als die Chichimeken es aber wagten, die Tochter eines der führenden Familien von Col-

GEGENÜBERLIEGENDE SEITE
Zwei kunstvoll ineinander verschlungene Schlangen, die eine blau, die andere grün, formen das Gesicht der Gefiederten Schlange, des Quetzalcoatls, und lassen dieses Mosaik in leuchtendem Türkis erscheinen.

huacan zu opfern, wurden sie kurzerhand auf die Inseln des großen Sees im Hochtal von Mexiko verbannt.

In Wirklichkeit jedoch sahen die Chichimeken darin eine Erfüllung der prophetischen Weissagungen ihrer Priester. Derzufolge war das Volk der Chichimeken nämlich dazu verurteilt, zur Buße für ihre Sünden viele Jahre der Mühsal und Wanderschaft zu ertragen, bis es eines Tages einen See voller Inseln finden würde. Auf einer dieser Inseln würde auf einem Kaktus ein Adler, das Symbol des Tezcatlipoca, sitzen und anzeigen, daß genau an dieser Stelle die Hauptstadt Tenochtitlan gebaut werden solle, von der aus dann die Chichimeken über die anderen Völker herrschen würden ... . Da nun diese Vision durch Tezcatlipoca in Gestalt des Huitzilopochtli zu den Priestern gekommen war, schien es nur logisch zu sein, ihm zum Dank ein adliges Mädchen zu opfern. Diese „göttliche Hochzeit" führte schließlich dazu, daß die Chichimeken ins Exil, d.h. in ihr „gelobtes Land", getrieben wurden.

Was den Chichimeken an kultureller Bildung gegenüber ihren Nachbarn fehlte, glichen sie durch Entschlossenheit, Mut, Stolz und Unermüdlichkeit aus. Diese Fähigkeiten brauchten sie auch, um zu überleben, denn das „gelobte Land" bestand zum größten Teil aus Sümpfen, die kaum eine Lebensgrundlage zu bieten schienen. Doch die Chichimeken entwickelten eine beispiellose Überlebensstrategie. So trotzen sie dem Wasser Land ab, indem sie Chinampas anlegten und mit unermüdlicher Energie sich immer mehr Land aneigneten, bis sie einen geeigneten Platz gefunden hatten, an dem sie ihre Hauptstadt Tenochtitlan errichten konnten. Als diese fertig war, verbündeten sich die Chichimeken mit anderen Chichimekenstämmen, in dessen Folge Tenochtitlan, Texcoco und Tlacopan sich nun zu einem Dreierbund zusammenschlossen, der bald das ganze Hochtal beherrschte. Die Menschen dieser Allianz waren es, die wir heute Azteken nennen. Das Wort Azteken leitet sich von Axatlan ab, dem legendären Ort in Mictlan, dem Land der Toten, von dem aus die Chichimeken ihre Wanderungen begonnen haben sollen.

Auf ihren früheren Wanderungen hatten die Azteken nicht nur militärische Kenntnisse erworben, sondern viel von den Glaubensvorstellungen Mesoamerikas in ihre eigene Glaubenswelt aufgenommen. Ihre Schutzgottheit Huitzilopochtli verschmolz mit Tezcatlipoca, dem Widersacher und Vertreiber des Quetzalcoatl. Als Kriegsgott trieb Huitzilopochtli die Azteken zu Eroberungen. Der Legende nach war dessen Mutter die Erdgöttin Coatlicue („die mit dem Schlangenrock"), die Menschenopfer zur Linderung ihres Schmerzes forderte, den sie bei der Geburt der 400 Sterne und der Mondgöttin Coyolxauhqui litt. Als sie auf wundersame Weise erneut schwanger wurde, waren ihre Kinder, die 400 Sterne, empört über diese Schande und wollten sie mit dem Tode bestrafen, aber Coyolxauhqui ging zu ihrer Mutter, um sie zu warnen. Da wurde Huitzilopochtli in voller Kriegerrüstung geboren, und als er die Angreifer näherkommen hörte, tötete er zuerst (versehentlich) seine Schwester, die Mondgöttin, und dann seine Brüder, die Sterne.

So vollzog sich die Geburt von Huitzilopochtli als Sonne in einem einzigen gewaltsamen Akt der Zerstörung, die soweit ging, daß sich das schreckliche Schauspiel jeden Tag von neuem wiederhol-

GEGENÜBERLIEGENDE SEITE
Die Erdmutter Coatlicue war die Göttin des Lebens und des Todes. Diese sie repräsentierende Statue stand einst im Hof des großen Aztekentempels von Tenochtitlan. Da ihr Name übersetzt „die mit dem Schlangenrock" bedeutet, wird sowohl ihr Rock als auch ihr Gesicht von Schlangen gebildet.

UNTEN
Hier eine Darstellung des singenden Blumengottes Xochipilli. Ursprünglich hielt die Figur in jeder Hand eine Rassel, die aber beide verlorengegangen sind. Dafür lassen sich aber die floralen Verzierungen noch gut erkennen. Aztekisch.

te, und zwar immer in der Morgendämmerung, wenn Huitzilopochtli sich anschickte, den Mond und die Sterne zu zerstören. Seine Rache war so schrecklich, daß er ständig Nahrung in Form der Herzen von Gefangenen verlangte, damit er jeden Tag wieder aus der Erdmutter auf die Welt kommen konnte. Grausames Zeugnis davon legte das tzompantli, das Schädelgerüst, vor dem Tempel des Huitzilopochtli in Tlatelolco ab.

Spanischen Berichten zufolge handelte es sich dabei um eine 54 m lange und 9 m breite Plattform mit Pfosten, auf denen jeweils 20 Schädel von Gefangenen aufgespießt waren und die so dicht standen, daß die Schädel des einen Pfahls, die des nächsten berührten. Heute nimmt man an, daß die Spanier hinsichtlich der Zahl der Schädel übertrieben haben. Doch gab es solche „Schädelgerüste" an mehreren Orten in den Städten der Azteken, und auf jedem befanden sich wahrscheinlich über 100 Schädel.

Selbst die aztekischen Legenden von den Tolteken, die sie als überlegene Rasse ansahen, von der alles Gute in der Welt durch das göttliche

OBEN
Dieser Plan von Tenochtitlan beruht auf spanischen Aufzeichnungen aus dem 16. Jahrhundert. Im Zentrum der Stadt lag der Kultkomplex, um ihn herum Wohn- und Handwerksviertel.

RECHTS
Ein Steinrelief, das den Regengott Tlaloc als Herr von Tlalocan ausweist. An seiner Kleidung befestigt sind die Schädel der Verstorbenen, die in sein Reich eingegangen sind.

GEGENÜBERLIEGENDE SEITE
Schwimmende Gärten, sogenannte Chinampas, bildeten die wirtschaftliche Grundlage des Aztekenreichs. Die einzigen, noch heute erhaltenen Gärten dieser Art liegen südlich von Mexico City bei Xochimolco.

Hier sieht man den Aztekentempel von Santa Cecilia Acatitlan, der, obwohl unweit von Tenochtitlan liegend, nie zur Hauptstadt gehörte. Statt dessen zelebrierten dort ansässige Priester lokale Riten.

Recht des Quetzalcoatl kam, zeigen Andeutungen der ehrfurchtgebietenden Macht des Tezcatlipoca/ Huitzilopochtli. So wurde erzählt, er sei eines Tages auf dem Marktplatz in Gestalt eines nackten Wesens erschienen und habe einen solch beeindruckenden Penis gehabt, daß die Tochter eines Fürsten der Stadt von großem Verlangen erfüllt wurde. Aus ihrer Vereinigung entstand Huemac, der unglückliche Herrscher, der den Zusammenbruch der Toltekenkultur zu verantworten hatte. Aber auch Huitzilopochtli hatte bei diesem Untergang seine Hand mit im Spiel, denn er soll, nachdem er sich in einen Riesen verwandelt und töten hatte lassen, mit seinem verwesenden Leichnam viele Seuchen über die Stadt gebracht und Tausende von Tolteken getötet haben.

Wenngleich sich die aztekischen Herrscher durch Einheirat in einflußreiche Familien darauf berufen konnten, Toltekenblut in ihren Adern zu haben – was bedeutete, daß ihre Herrschaft von

GEGENÜBERLIEGENDE SEITE OBEN
Dieser Weihrauchbrenner fand in den Ritualen zu Ehren von Tezcatlipoca, Rauchender Spiegel, Verwendung. Er ist in Form einer Truthahnkralle gestaltet. Den Truthahn assoziierte man mit Rauchender Spiegel. Aztekisch.

UNTEN
Tezcatlipoca ist hier an seinem fehlenden Fuß erkennbar, den er der Legende nach im Kampf mit den Göttern der Unterwelt verloren hat. Die Wandmalerei zeigt ihn in Kriegertracht, den Arm eines geopferten Gefangenen verspeisend. Aztekisch.

LINKS
Der Planet Venus erscheint sowohl als Morgen- als auch als Abendstern. Dementsprechend schrieb man diesen beiden entgegengesetzte Qualitäten zu. So galt der Morgenstern als Vorbote der Sonne, während der Abendstern den Abstieg der Sonne in die Unterwelt Xolotl markierte. Er ist deshalb als häßliche, furchteinflößende Figur dargestellt.

Quetzalcoatl gesegnet war –, so war doch der wahre Beherrscher der Aztekenwelt zweifelsohne Huitzilopochtli. Dieser blieb stets ein Gott der Dunkelheit, der nie als Mensch auf die Welt kam, sondern immer nur als Schattengeist auftrat, aber sich gleichzeitig des Formenwandels so mächtig zeigte bzw. Handlungen heraufbeschwor, die aus unserer heutigen Sicht von extremer Grausamkeit waren. Für die Azteken jedoch rechtfertigte der schreckliche Zorn der Götter solche Handlungen, da sie davon überzeugt waren, daß ihre Welt untergehen würde, wenn sie es versäumten, die blutigen Rituale und Opfer zu vollziehen. In dieser Hinsicht unterscheiden sie sich im Grunde nicht von den Maya, die Blutopfer ebenfalls für einen wichtigen Aspekt des kultischen Lebens hielten.

Aber selbst wenn die Azteken dem Menschenopfer eine noch größere Bedeutung beimaßen als die Maya, so ist das Ausmaß dieser grausamen Rituale in der Überlieferung sicherlich übertrieben worden. Zwar fanden manche Opferzeremonien in regelmäßigen Abständen über das ganze Jahr verteilt statt, doch wurde in der Regel nur ein Opfer verlangt; nur in Ausnahmefällen waren es vier. Zu den späteren Massenexekutionen von Gefangenen kam es erst, als das Reich der Azteken im Verfall begriffen war und die Azteken sich ihrer Macht nicht mehr sicher sein konnten. Unter diesem Gesichtspunkt diente die schreckliche Prozedur wohl auch eher der Reduzierung der feindlichen Streitkräfte als der Erfüllung kultischer Forderungen.

Die rituellen Aspekte des Opfers scheinen indes nicht nur bei den Azteken, sondern auch bei

OBEN
Coyolxauhqui war die wichtigste göttliche Form des Mondes. Mondförmig sind bei diesem steinernen Kopf Nase, Anhänger und Symbole auf dem Ohrschmuck. All das weist auf die Ordnung der Zeit durch den Mond hin.

GEGENÜBERLIEGENDE SEITE
Bei dieser Obsidianmaske kann man nur vermuten, daß sie dem Tanzgott Ixtilton geweiht war, einem Diener Huitzilopochtlis, der des Nachts zu den Kindern kam, um ihnen einen ruhigen Schlaf zu bringen.

ihren Nachbarn tiefe kulturelle Wurzeln zu haben. Ein Beleg dafür ist der „Blumenkrieg", den die Azteken gegen den Nachbarn Tlaxcalan führten, wobei es ihnen nie gelang, den unabhängigen Stadtstaat zu erobern. Trotz des romantisch klingenden Namens war der Blumenkrieg ein Scheingefecht, das aufgeführt wurde, damit die Kriegerelite beider Seiten die notwendigen Gefangenen machen konnte. Was beide Kriegsparteien dabei unter dem Begriff „Blumen" verstanden, verdeutlichen verschiedene Wandgemälde, auf denen sich das herausströmende Blut der Gefolterten in Blütenspiralen aus der geöffneten Brust windet. Die „Blumen", waren also die Herzen der Opfer. Doch scheint der Blumenkrieg eine Erfindung der Tolteken zu sein. Jedenfalls finden wir entsprechende Symbole in Tula. Daneben diente der Blumenkrieg auch als Übung für die Krieger.

Bei der Grausamkeit dieser Opferriten, ist man geneigt zu vergessen, daß die Azteken eigentlich ein Bauernvolk waren, das zum größten Teil auf den Chinampas ihren Lebensunterhalt beschaffte. Das war auch dringend notwendig, denn die gewaltige Bevölkerungsexplosion, die mit dem Aufstieg des Aztekenreiches einherging, wäre nie ausschließlich mit den Tributen der Vasallenstaaten möglich gewesen, sondern nur auf Grundlage der aztekischen Wirtschaft.

Wenngleich die Bauern selbst von niederem Rang waren, zeigt sich doch die Bedeutung der Landwirtschaft in der Tatsache, daß alle Feste und Zeremonien, auch die des Krieges, vom Landwirtschaftsjahr bestimmt wurden, das in den heiligen Kalendertexten festgehalten wurde. Der Kalender der Azteken beruhte auf dem der Maya und teilte das Jahr in 18 Monate mit 20 Tagen und eine unbenannte Fünftagesperiode am Ende jeden Jahres.

Diese fünf „unnützen Tage", bekannt unter dem Namen Nemontemi, galten als besonders unheilschwanger, weshalb die Menschen in dieser Zeit im Haus blieben. Dort wurde das Geschirr zerschlagen, die Feuer gelöscht und still gebetet, daß die Zeit ohne Unglück vorübergehen möge. Alle anderen Monate standen jeweils unter dem Schutz einer anderen Gottheit, der man stets zum Beginn des Monats im Rahmen eines Festes Opfer darbrachte.

Bei dem Thema Landwirtschaft begegnen wir wieder Huitzilopochtli, der neben seiner Funktion als Gott der Dunkelheit und des Krieges auch dafür sorgte, daß das gesamte Leben der Azteken in geordneter Weise verlief. Das Blut seiner Opfer

galt ihm als Nahrung, was uns wieder an die alte Vorstellung der Maya erinnert, daß das Leben dem Tod entspringt.

Eine ähnliche Inanspruchnahme des dualistischen Themas von Tod und Leben kam im jährlichen Landwirtschaftsfest Tlacaxipeualiztla zum Ausdruck, das gefeiert wurde, wenn die ersten Maispflänzchen aus der Erde sprossen. Die hierbei verehrte Gottheit war Xipe Totec, der Patron des zweiten Monats und der Gott des Frühlings und des kommenden Regens. Übersetzt bedeutet sein Name aber „der Geschundene", womit die Assoziation mit dem Mais zum Ausdruck kommt, der die Samenschale sprengt, wenn die neue Pflanze hervorbricht. Dementsprechend zog man auf dem Höhepunkt des Festes zu Ehren dieses Gottes einem Gefangenen bei lebendigem Leib die Haut ab. Anschließend wurde sie entweder dem Krieger umgelegt, der ihn gefangengenommen hatte, oder dem Priester, der die Zeremonie leitete, und zusammengenäht. Der Krieger oder Priester mußte sie dann „anbehalten", bis sie verfaulte oder aufplatzte, was wieder das Aufspringen der Maishaut als Voraussetzung für neues Leben symbolisierte.

Die Tatsache, daß ein festgelegter landwirtschaftlicher Kalender die Riten des Jahres bestimmte, führte zu einer allgemein konservativen Lebenseinstellung, in der kaum Raum für Individualismus oder Veränderungen blieb. Ferner führte die unumstößliche Überzeugung, daß die Zukunft eines jeden Menschen bereits bei der Geburt festgelegt war, zu einer extrem schicksalsgläubigen Haltung der Azteken, ein Faktum, das noch zusätzlich gefördert wurde, indem der Zugang zu dem Wissen der Götter, sprich die Geheimnisse des Kalenders und dessen Deutung, ausschließlich den Priestern vorbehalten war, die große Masse der Bevölkerung also unwissend blieb. Dieser Wissensvorsprung der Priester gegenüber dem Rest der Bevölkerung wurde noch dadurch gefördert, daß es neben dem Landwirtschaftskalender mit 365 Tagen, der für die Allgemeinheit galt, gleichzeitig noch einen Wahrsagekalender mit 260 Tagen gab, den aber nur die Priester benutzten.

Daher war es ausschließlich den Priestern vorbehalten, die großen Zeremonien mit der nötigen Genauigkeit festzulegen, wodurch diese für die meisten Menschen eine nicht in Frage stellbare Autorität besaßen. Persönliche Opfer, große oder kleine, waren so unvermeidlicher Bestandteil des Alltags.

So schien die ganze Aztekenwelt immerzu die Dualität von Leben und Tod zu bekräftigen. Selbst die Pyramide inmitten der Stadt Tenochtitlan, die dem Regengott Tlaloc und Huitzilopochtli geweiht war, war eine ständige Erinnerung an den Schlangenberg, das Zentrum des aztekischen Universums. Und mit jeder neu entstehenden Pyramide, mit jeder Erweiterung wuchs die in ein solches Gebäude eingebettete Macht. Tenochtitlan war die wichtigste Aztekenstadt; sie war das Zentrum des Reiches, mit der Pyramide bzw. dem Schlangenberg als Zentrum der Welt – auf spiritueller wie auf zeitlicher Ebene. In seinem Herzen

GEGENÜBERLIEGENDE SEITE
Bei dieser Figur könnte es sich entweder um die Erdgöttin Coatlicue oder um Mictlantecihuatl, die Gemahlin des Totengottes, handeln.

LINKS
Eine von Quetzalcoatls Identitäten war die des gütigen Windgottes. Da man mit den Winden Wachstum und Fruchtbarkeit verband, erscheint Quetzalcoatl hier mit einer Trage voller Mais.

OBEN
Von einem Steinaltar stammt diese zeichnerische Rekonstruktion, die eine schreckliche Geschichte erzählt: Die Mondgöttin hatte einen Streit mit den anderen Himmelsgottheiten, in dessen Verlauf sie getötet und ihr Leib zerstückelt wurde.

GEGENÜBERLIEGENDE SEITE
Xipe Totec repräsentierte den keimenden Mais und stand daher im Zusammenhang mit Fruchtbarkeits- und Wachstumsriten.

trug Tenochtitlan daher ein Symbol der Autorität über alle Bereiche der Aztekenherrschft. Außerdem diente der Schlangenberg sowohl als Eingang zur Unterwelt als auch als Aufstieg zu den himmlischen Reichen. Die Geschicke der Menschen waren ebenso in dieser Interaktion verknüpft wie das Schicksal des Opfers, das sein Blut zur Erhaltung des Lebens vergoß.

Auf dieser Grundlage stellten andere Tempel der Stadt ebenfalls symbolische Landschaften dar. Man errichtete sogar Bauwerke an Orten, denen man an sich schon eine heilige Kraft zuschrieb, nur, um diese Kräfte noch zu verstärken und den Menschen zugänglich zu machen. So bildete Nezahualcoyotl (Fastender Kojote), der Herrscher von Texcoco, den heiligen Berg von Tezcotzingo in Form eines kosmischen Diagramms nach, das der Wassergöttin Chalchiuhtlicue, der Schwester des Regengottes Tlaloc geweiht war. Tezcotzingo mit seinen Aquädukten und Bassins wurde somit zum Symbol der Macht Chalchiuhtlicues sowie der Region, aus der ihre Macht kam. Bedeutsamerweise wurde das Gebiet von Tezcotzingo mit Wasser vom Berg Tlaloc versorgt, dem Sitz des Regengottes.

GEGENÜBERLIEGENDE SEITE
Der Kopf Xipe Totecs von hinten. Das Reliefmuster bringt ihn hier mit Tezcatlipoca, Rauchender Spiegel, in Verbindung. Xipe Totec war ein Aspekt von Rauchender Spiegel, der mit Leiden und Opfer assoziiert wurde. Aztekisch.

LINKS
Während des Vegetations- und Fruchtbarkeitsfestes Tlacaxipeualiztli („Menschenschinden") zogen sich die Priester die abgezogene Haut eines Gefangenen über und trugen sie, bis sie abfiel. Die Zeremonie symbolisierte das Aufreißen der „Haut" des reifen Maises, so daß auch Xipe Totec hier mit einer „zweiten" Haut zu sehen ist. Aztekisch.

Zum Kultkalender der Azteken gehörte ein Fest, das man „Zusammenbinden der Jahre" nannte. Es wurde nach jedem 52-Jahreszyklus abgehalten. Während des Festes verbrannte man ein Bündel aus 52 Stöcken als symbolische Zerstörung des vorangegangenen Zyklus. Hier sieht man ein solches Bündel in Stein gehauen. Aztekisch.

Jeder Aspekt der Aztekenwelt wies daher ständig auf die Rolle der Götter für die Erhaltung der Ordnung hin und auf die untrennbaren Verbindungen zwischen der himmlischen, der mittleren und der Unterwelt. Diese drei Bereiche sah man nicht als getrennte Sphären an, sondern als Kontinuum.

Aber was für den Makrokosmos galt, berührte natürlich auch die persönliche Ebene des Menschen, dessen Körper als verkleinertes Abbild des Kosmos gesehen wurde. Das betraf insbesondere Kopf, Herz und Leber, die als Entsprechungen der drei Welten angesehen wurden. Von diesen wiederum hatte das Herz eine gesonderte Bedeutung, da es von einer Kraft belebt wurde, die man teyolia oder „göttliches Feuer" nannte und das auch in heiligen Bergen, Tempeln usw. am Werk war. Vor diesem Hintergrund lassen sich die Menschenopfer vielleicht besser verstehen, denn so wie die heiligen Tempelfeuer oder die Rituale zu Ehren der Götter der Welt Leben gaben, so spendete das Herz des Menschen dem Körper Leben. Mit dem Herzopfer gab man somit das Leben den Göttern zurück.

Bei soviel Grausamkeit wird häufig übersehen, daß die Azteken nicht durchweg die grausamen primitiven Barbaren waren, für die man sie vielleicht jetzt halten könnte, sondern auch sehr viel Sinn für geistige Aktivitäten hatten.

So waren die Haupttugenden, auf die bei der Erziehung der Kinder sehr viel Wert gelegt wurde, Demut, Gehorsam, Fleiß, Selbstdisziplin und Rhetorik. Die Kinder der Führungsschicht wurden zudem in Geschichte, Mathematik, Landwirtschaft, Astronomie, Architektur und natürlich Kriegswesen unterrichtet. Hier wie dort hielt man sehr viel auf Rhetorik, da man es für wichtig erachtete, öffentliche Reden halten und dichten zu können. Selbst Kriegerkönige waren unter einem Namen

Gelang es einem Dichter, einen besonders guten Vers zu verfassen, oder einem Maler in einer Wandmalerei, den richtigen Ausdruck zu finden, dann nahm man an, daß er vom gleichen göttlichen Feuer erfüllt wurde, das auch beim Herzopfer aus dem Herz des Gefangenen strömte. Hier finden wir also eine wesentlich humanere Form der göttlichen Eingebung, die aber mindestens ebenso stark gewichtet wurde wie die Opferriten. Das zeigt sich u.a. darin, daß jeder große Fürst seine eigenen Dichter, Komponisten und Tänzer hatte, die neue Werke anläßlich öffentlicher Feste und Zeremonien verfaßten.

Die soeben beschriebenen Fakten scheinen so gar nicht zum Bild der Azteken zu passen, deren ganzes Leben um Krieg, Eroberung und Opfer kreiste. Andererseits entsprechen sie auch nicht der toltekischen Vorstellung von den ungehobelten Chichimekenjägern, die ihnen als Söldner dienten. Fest steht aber, daß die Chichimeken in weniger als 200 Jahren sich zu jenen mächtigen Azteken entwickelt haben, die die Dualität von Leben und Tod so sehr verinnerlicht hatten, daß unvorstellbare Grausamkeiten und künstlerischer Ausdruck voller Tiefe und Schönheit gleichermaßen den Alltag bestimmten. Oberflächlich betrachtet scheint beides unvereinbar, ja sich geradezu gegenseitig auszuschließen, aber nur solange man dem Fehler

Als Vermittler zwischen Menschen und Göttern oblag es den Priestern auch, die Zukunft vorherzusagen. Dazu blickten sie in einen hochglanzpolierten Obsidianspiegel. Der Legende nach enthüllte sich die Prophezeiung erst, nachdem sich die darin aufsteigenden Rauchwolken verzogen hatten.

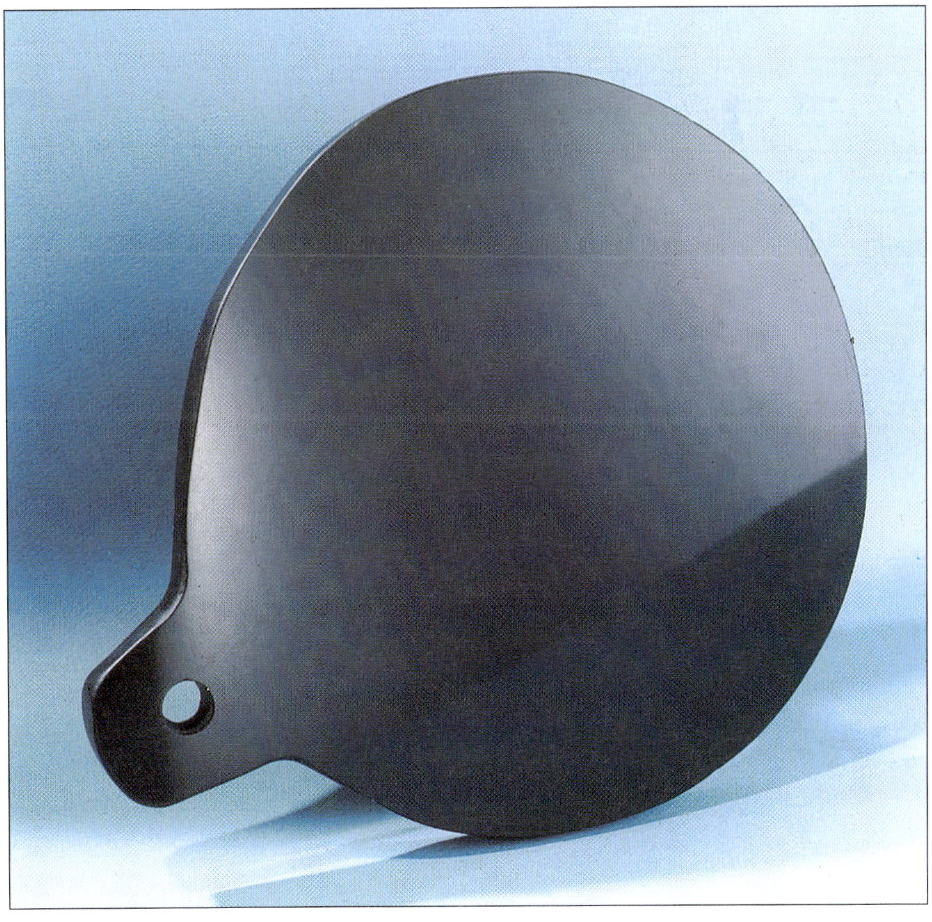

bekannt, den man mit „Großer Sprecher" übersetzen kann.

Die Bedeutung, die man dem gesprochenen Wort beimaß, bildet in gewisser Weise das Gegenstück zu den Opfern und Ritualen. Ebenso wie man Dinge gewaltsam durch Opfer ins Leben rufen konnte, konnte man sie begründen und verstehen durch die Sprache. Diesen Aspekt sah man als so wichtig an, daß es eine eigene Adelskaste mit dem Namen tlamatinime gab, die den Umgang mit der Sprache studierte, quasi als Versuch, die ultimative Wahrheit und ihre Beziehung zur Natur des Menschen herauszufinden. Zur Aufgabe dieser Kaste gehörte es, Rätsel zu stellen, die sich auf grundlegende Fragen bezogen, Metaphern und Sprichwörter zu konstruieren, Reden zu organisieren und Gedichte zu verfassen. Letztere standen stets in engem Zusammenhang mit Tanz und Gesang, und häufig wurden Gedichte zum Trommelrhythmus vorgetragen.

RECHTS
Tonatiuh, der aztekische Sonnengott, stand symbolisch gleichermaßen für Leben und Tod. So glaubte man, daß er jeden Morgen neu geboren werde, nachdem er abends zuvor gestorben und in die Unterwelt hinabgestiegen war. Seine Verbindung mit dem Schicksal der Menschen zeigt die Darstellung auf seinem Rücken: das Erdbeben, das nach aztekischem Glauben das Ende der Welt herbeiführen sollte.

GEGENÜBERLIEGENDE SEITE
Tezcatlipocas Verbindung mit Leid und Opfer kommt in dieser Maske von Rauchender Spiegel deutlich zum Ausdruck – das Mosaik aus Türkisen und Lignit wurde nämlich auf einen Totenschädel aufgebracht.

unterliegt, die Welt der Azteken aus einem anderen Blickwinkel zu betrachten, als es die Azteken selbst gewohnt waren. Denn für sie standen diese Dinge keinesfalls im Widerspruch, sondern waren einfach nur der Ausdruck für die zwei Seiten der Welt. Das traf für die gesamte Kultur ebenso zu wie für jeden noch so kleinen Aspekt des persönlichen Lebens. Für die Azteken mußte Sanftheit aus Gewalt entspringen, genauso wie Leben aus dem Tod. Beides waren natürliche Ausdrucksformen sowohl der Götter als auch der Menschen. Das Individuum war somit ein Mikrokosmos, in dem alle Kräfte der Welt in reinster Form enthalten waren.

Doch dann geschah etwas, das diese Welt empfindlich störte. Despotische Führer, die ihre Macht ausdehnen wollten und vorsätzlichen Völkermord an ihren Nachbarn betrieben, ließen das Gleich-

Der hier abgebildete Federschild fand mit großer Wahrscheinlichkeit Verwendung in Zeremonien und gehörte Ahuitzotl („Gespenstisches Wasser"), dem Vorgänger von Montezuma II. auf dem Aztekenthron. Er zeigt ein Wasserungeheuer mit einem Zeremonienmesser im Maul.

gewicht der Kräfte zwischen Demut und Feindschaft aus den Fugen geraten, weil der grausame Gott Huitzilopochtli immer größere Menschenopfer verlangte. So kam es, daß kurz vor der Ankunft der Spanier im frühen 16. Jahrhundert Aztekenheere von über 16 000 Jaguar- und Adlerkriegern gegen ihre Feinde aufmarschierten, die ihnen keinen Widerstand entgegensetzen konnten und deshalb zu Tausenden für die Opferaltäre und die Weihe neuer Tempel in Tenochtitlan verschleppt wurden. 1508 hatte der Aztekenherrscher Montezuma sein Ziel erreicht: ganz Anahuac (Altmexiko) war unter seiner Herrschaft, er besaß die absolute Macht.

Seltsamerweise schien diese ungeheure Machtfülle Montezuma aber zu beunruhigen. Als Großer Sprecher der Azteken war seine Schutzgottheit der mächtige, todbringende Huitzilopochtli. Andererseits hatte Montezuma sein Herrschaftsrecht aufgrund seiner toltekischen Abstammung durch Quetzalcoatl erlangt. Quetzalcoatl aber wiederum war Huitzilopochtlis gegnerischer Zwilling und in dem Jahr geboren, das der Gefiederten Schlange geweiht war. Der Priesterherrscher Montezuma erkannte somit vielleicht besser als jeder andere, daß eine Konfrontation zwischen Quetzalcoatl und Huitzilopochtli unausweichlich war und offensichtlich kurz bevorstand, denn er wußte aus den Kalendern, daß sich das Ende des 52-Jahres-Zyklus näherte, angezeigt durch das Jahr Ce Acatl. Jetzt würde sich entscheiden, ob die Welt entweder zerstört oder erneuert werden würde.

Montezuma erlebte Ce Acatl ein einziges Mal – 1519, dem Jahr, als Hernando Cortés nach Tenochtitlan kam, just zu dem Huitzilopochtli geweihten Monat. Zweifellos mußte Montezuma darin zumindest am Anfang die Rückkehr Quetzalcoatls sehen, der sich seinem Rivalen zum letzten Kampf stellte. Das Unvermeidliche geschah. Montezuma wurde getötet, und obwohl die aztekischen Krieger sich weiterhin gegen die Spanier und ihre indianischen Verbündeten zur Wehr setzten, war die Belagerung Tenochtitlans 1521 zu Ende, und sämtliche Aztekensiedlungen zerstört. In nur zwei Jahren löschten die Spanier 3000 Jahre mesoamerikanischer Kultur für immer aus.

REGISTER

REGISTER

REGISTER

DANKSAGUNG

Der Verlag dankt den nachfolgend genannten Personen und Institutionen für die Illustrationen auf der jeweils angegebenen Seite:

Norman Bancroft Hunt: Zeichnungen 23, 46/47, 53 oben, 68 oben, 72 oben, 76 rechts, 86 oben, 96, Bild 72 unten. Museum für Völkerkunde/Berlin 66. Nick Saunders 4, 29, 34/35, 54 oben.

Die folgenden Fotos wurden zur Verfügung gestellt von Werner Forman Archive:
Anthropologisches Museum der Universität von Veracruz/Jalapa: 20 beide. David Bernstein/New York: 12. Bibliotheca Universitaria/Bologna: 36/37, 54 unten. British Museum/London: 9, 10/11, 30/31, 34 links, 44, 83 Covervorderseite: großes Bild, 90 oben, 101 unten, 103. Dallas Museum of Art/USA: 21, 32, 61, 74/75, 76 links. Philip Goldman/London: 47 rechts. Liverpool Museum/Liverpool: 90 unten und Covervorderseite: kleines Bild mitte. Merrin Collection: 41. Metropolitan Museum of Art/New York; Leihgabe der Republik Guatemala: 73. Museo Nacional de Anthropoligìa/Mexico City: 13, 14, 16/17, 21, 24, 26/27, 42/43, 48/49, 53 unten, 56/57, 62, 63, 64/65, 68 unten, 70, 71, 77, 78/79, 86 unten, 87, 88/89, 93, 94, 104/105, 110/111. Museum für Völkerkunde/Basel: 2 und Covervorderseite: kleines Bild oben, 55, 92, 99, 102. Museum für Völkerkunde/Berlin: 22, 80, 91. Museum für Völkerkunde/Hamburg: 3, 97, 98. National Museum of Natural History; Smithsonian Institute/Washington: 100/101. Pigorini-Museum/Rom: 4. Privatsammlungen: 18, 52/53, 69. Mit freundlicher Genehmigung von Sothebyís/New York: 59. St. Louis Art Museum/USA: 95.

Hier sieht man die rekonstruierten und restaurierten Tempel und Tempelplattformen der Tolteken-Maya-Stadt Chichén Itzá auf der Halbinsel Yucatán.